Herzliche Glückwünsche

stilvoll formuliert

Andreas Ehrlich

Herzliche
Glückwünsche

stilvoll formuliert

EDITION XXL

Inhalt

Darfs ein bisschen mehr sein?

Sie kennen das vermutlich: Ein Familienmitglied, ein Freund oder ein Bekannter hat Geburtstag, ist Vater geworden, hat eine Auszeichnung erhalten oder feiert ein Jubiläum und Sie wollen ihm gratulieren. Eine passende Karte ist schnell gefunden, aber kaum haben Sie sich hingesetzt, um ein paar persönliche Worte zu formulieren, macht sich plötzlich Leere in Ihrem Kopf breit. Sie starren wie gebannt auf die – abgesehen von der Anrede – noch immer jungfräuliche Karte und fragen sich verzweifelt: „Was schreibe ich bloß?" Denn ein bisschen mehr, und vor allem ein bisschen persönlicher, als „Herzlichen Glückwunsch zum ...", versehen mit Ihrer Unterschrift, sollte es schon sein. Eine allzu knappe Formulierung wirkt nämlich so, als wollten Sie vor allem einer lästigen Pflicht Genüge tun – ein Eindruck, der weder einer geschäftlichen noch einer privaten Beziehung zuträglich ist.

Glückwünsche, die Freude bereiten und in (guter!) Erinnerung bleiben

Bevor Sie sich von den Beispielformulierungen, Zitaten und Versen in diesem Buch inspirieren lassen und beherzt zum Stift greifen, lesen Sie bitte die folgenden Hinweise, Tipps und Anregungen. Sie helfen Ihnen, Ihr Ziel – dem Adressaten eine Freude zu bereiten und ein Zeichen der Wertschätzung zu setzen – sicher zu erreichen. Denn ein gelungener Glückwunsch ist keine Glückssache, sondern vielmehr eine Frage der investierten Zeit und Mühe sowie der Vorbereitung! Denken Sie daran: Individuelle Glückwünsche lassen sich nicht auf Knopfdruck „produzieren" Warten Sie daher nicht bis zur letzten Minute, sondern gönnen Sie sich etwas Vorlauf – insbesondere wenn Sie kreative „Extras" planen.

Die Qual der Wahl: Telefon, SMS, E-Mail oder Karte?

Dank der modernen Technik stehen Ihnen heute verschiedene Möglichkeiten zur Übermittlung Ihrer Glückwünsche zur Verfügung – und alle haben Vor- und Nachteile. Es lohnt sich also, nicht nur über den passenden Text, sondern auch über den Übermittlungsweg im Vorfeld ein wenig nachzudenken.

Dabei ist die Gratulation per Telefon sicher eine der geläufigsten und auch beliebtesten Varianten. Kein Wunder: Sie können spontan, also ohne Vorbereitungszeit, gratulieren und bekommen ein direktes Feedback – der Telefonanruf ist also fast wie ein persönlicher Glückwunsch, nur ohne Händedruck. Allerdings setzt dieser unkomplizierte, schnelle und doch sehr individuelle Weg des Gratulierens eines voraus: dass Sie denjenigen, dem Sie gratulieren wollen, auch tatsächlich an den Hörer bekommen. Das ist in der heutigen Zeit, in der nahezu jeder entweder einen Festnetzanschluss oder ein Handy (oftmals auch beides) hat, weniger eine Frage der technischen Voraussetzungen als eine Frage der persönlichen Erreichbarkeit. Ist derjenige beruflich und/oder privat sehr eingespannt und viel unterwegs, kann das trotz Handy schon einmal schwierig werden. Hinzu kommt, dass der Angerufene Ihren Glückwunsch zu einem bestimmten

Zeitpunkt – ob er nun gerade günstig ist oder nicht – „aufgezwungen" bekommt, es sei denn, er ignoriert Sie oder würgt Sie mit einem kurzen „Ich kann gerade nicht, wir sprechen später!" ab. Und wir kennen vermutlich alle diese Situation: Sie haben das Haus voller Gäste, denen Sie sich widmen möchten, das Essen steht noch auf dem Herd und alle paar Minuten klingelt das Telefon – da kann selbst ein noch so gut gemeinter Glückwunsch nerven! Deshalb fassen Sie sich bitte kurz, wenn Ihr Gesprächspartner am Telefon unkonzentriert und abgehetzt klingt beziehungsweise Sie im Hintergrund Musik und Stimmengewirr hören. Erreichen Sie das Geburtstagskind am Arbeitsplatz, gilt das ohnehin.

Aber auch in einem anderen Punkt ist die schriftliche Gratulation der telefonischen überlegen: in Bezug auf den Erinnerungswert. Oder können Sie sich noch an jeden Anruf zu Ihrem letzten Geburtstag erinnern, geschweige denn an die Einzelheiten dieser Gespräche? Vermutlich nicht. Eine Glückwunschkarte dagegen können Sie immer wieder lesen. Sie ist eine Art Souvenir, das schöne Erinnerungen heraufbeschwört und so gleich mehrfach Freude schenkt. Warum also nicht beides tun und zusätzlich zum Telefonat noch eine Glückwunschkarte als bleibendes Andenken schicken?

Sie können statt einer Glückwunschkarte natürlich auch einen **längeren Brief** schreiben. Das mag ein wenig aus der Mode gekommen sein, wirkt aber noch persönlicher. Entscheiden Sie einfach von Fall zu Fall – je nach Lust und Laune und abhängig davon, ob Sie genügend „Inhalt" zusammenbringen.

Gleiches gilt für eine Glückwunsch-SMS, die schon aufgrund ihres Namens – SHORT Message Service – kein vollwertiger Ersatz für eine Karte sein kann. Denn eine – noch dazu handgeschriebene – Karte (siehe Seite 17) verleiht Ihren guten Wünschen deutlich mehr Gewicht. Sie signalisiert dem Empfänger, dass sich hier jemand Zeit genommen und Gedanken gemacht hat – in unserer hektischen Welt ist das fast schon ein zusätzliches Geschenk. Lassen Sie also Ihrer SMS noch einen ausführlicheren Glückwunsch folgen. Berücksichtigen Sie bei dieser Art des Gratulierens immer auch den Anlass – ein kurzer Handy-Gruß zum Geburtstag, zur

Glückwünsche auch von unterwegs – SMS und E-Mail machen es möglich.

bestandenen Prüfung oder zur Beförderung wird unter Freunden und guten Bekannten sicherlich für Freude sorgen, während er bei einer Taufe oder Hochzeit wohl eher Stirnrunzeln hervorrufen dürfte. Zudem sollte die Glückwunsch-SMS nur dann zum Einsatz kommen, wenn das Handy zum festen „Kommunikations-Repertoire" des Empfängers gehört. Denn was nützt eine solche Nachricht, wenn sie erst Tage später – mehr oder weniger zufällig – entdeckt und gelesen wird?

Ein ähnliches Problem ergibt sich auch bei Glückwünschen per E-Mail: Während wir unseren „normalen" Briefkasten in aller Regel täglich leeren, ist das bei dem (privaten) elektronischen Pendant noch nicht selbstverständlich – insbesondere wenn es sich bei dem Empfänger um einen „Internetmuffel" handelt. Steht er diesem modernen Kommunikationsmittel jedoch aufgeschlossen gegenüber, ist die Gratulation per Mausklick eine durchaus überlegenswerte Alternative, sofern Sie sich hier ebenfalls einige persönliche Worte überlegen und sich nicht auf einen Standardspruch beschränken. Besonders spannend ist die Möglichkeit, aus einer reinen Textbotschaft einen multimedialen Glückwunsch zu machen, indem Sie an Ihre E-Mail eine Bild- und/oder Musikdatei anhängen (siehe auch Seite 24).

Achten Sie dabei allerdings darauf, dass der Empfänger Ihre Dateien mit den auf einem „normalen" Computer installierten Programmen öffnen kann und dass die Dateigröße in einem überschaubaren Rahmen bleibt, damit das Herunterladen zügig vonstatten geht (Richtgröße: maximal 3 MB). Bedenken Sie zudem, dass Ihre E-Mail unter Umständen auch von anderen Personen als dem Empfänger gelesen werden kann. Beispielsweise dann, wenn Sie Ihren Glückwunsch an den Arbeitsplatz verschicken oder ein Mail-Account von mehreren Familienmitgliedern genutzt wird. In diesen Fällen sollten Sie sich mit allzu Vertraulichem zurückhalten.

Übrigens: Sie können Ihrer Glückwunsch-Mail mithilfe sogenannter Emoticons zusätzlich „Gefühl" verleihen. Dabei handelt es sich um Zeichenfolgen, die, wenn man den Kopf auf die linke Schulter legt, eine bestimmte Botschaft vermitteln. Mit dem Emoticon :-) beziehungsweise :-D drücken Sie ein Lachen aus, während ;-) ein Augenzwinkern darstellt, () eine Umarmung und :-x ein Küsschen. Sie können auf diese Weise sogar eine virtuelle Blume verschicken, nämlich mit @>--}--- oder @},-'-,-- (Rose).

Tipp:

Das Internet erobert immer mehr Bereiche unseres Lebens und besonders elektronische Grußkarten erfreuen sich großer Beliebtheit, wie die zahlreichen Angebote zeigen. **Dagegen ist auch nichts einzuwenden, solange Sie dabei eines berücksichtigen:**

Auch ein **Glückwunsch-Fax** ist je nach Standort des Gerätes mehr oder weniger öffentlich. Allerdings hat sich diese Form der Gratulation mittlerweile nahezu überlebt und wird nur noch von eingefleischten Fax-Fans praktiziert. Nichtsdestotrotz gelten die Anregungen und Muster natürlich auch für dieses Medium.

Einige Menschen stehen den Möglichkeiten des World Wide Web durchaus kritisch gegenüber. Und so kann eine sogenannte E-Card – egal wie geschmackvoll sie gestaltet und wie individuell sie formuliert ist – statt Freude auch Befremden auslösen oder sogar als Missachtung empfunden werden (vor allem bei/von älteren Menschen). Inwieweit Sie davon Gebrauch machen, sollte also weniger von Ihren persönlichen Vorlieben abhängen als vielmehr davon, wie internetbegeistert der Empfänger ist. Die meisten E-Cards sind kostenfrei, es gibt aber auch Anbieter, die für ihre Dienste Geld verlangen. Prüfen Sie also genau, bevor Sie sich für eines der Angebote entscheiden, denn manchmal verstecken sich dahinter leider auch unseriöse Abzocker. Entsprechende Webseiten finden Sie problemlos mithilfe einer Suchmaschine wie Google, Yahoo!, bing, altavista usw.

Die passende Karte finden

Die Auswahl an Glückwunschkarten ist riesig. Von bieder über kitschig bis geschmacklos, von der Pop-up-Karte bis zum singenden Geburtstagsgruß, vom Karton bis zum handgeschöpften Büttenpapier, vom Fotomotiv bis hin zum bloßen Schriftzug ist jede nur denkbare Variante und Geschmacksrichtung im Handel erhältlich. Da ist es am besten, Sie folgen einfach Ihrem Bauchgefühl und greifen zu dem Motiv beziehungsweise Text, der Sie spontan anspricht. Behalten Sie bei Ihrer Auswahl aber immer auch den Empfänger der Karte im Blick. Wird sich Ihr Kollege, der sich nächste Woche in den Ruhestand verabschiedet, wirklich über die knallbunte Cartoon-Karte im XXL-Format freuen? Oder Ihr 14-jähriger Neffe über die edle Geburtstagskarte mit Goldprägung? Vermutlich weniger ... Was Scherzkarten und etwas „derbere" Glückwünsche angeht, berücksichtigen Sie bitte die Hinweise auf Seite 20f.

Werden Sie trotz der üppigen Auswahl nicht fündig, können Sie selbstverständlich auch eine eigene Glückwunschkarte (inklusive Kuvert) gestalten. Als Motiv eignet sich zum Beispiel ein Foto aus dem letzten gemeinsamen Urlaub, ein Schnappschuss aus längst vergangener Zeit oder ein – von Ihnen oder Ihren Kindern – selbst gemaltes Bild. Weitere Anregungen finden Sie in Bastelgeschäften sowie in den zahlreichen Ratgebern zu diesem Thema.

Am freiesten sind Sie bei der Formulierung Ihrer Glückwünsche, wenn Sie eine Karte ohne eingedruckten Glückwunschtext wählen. Andernfalls können Sie den Text entweder logisch fortführen (außen: „Herzlichen Glückwunsch zur Hochzeit", innen: „... sage ich euch, liebe Anja, lieber Friedrich von ganzem Herzen. Ich freue mich ...") oder ihn einfach für sich stehen lassen und im Innenteil mit Ihrem persönlichen Text neu beginnen.

Die wichtigsten Formalia

Keine Sorge, für Glückwunschkarten gibt es keine DIN-Normen und auch sonst keine festen Regeln – weder in Bezug auf das Format noch was Aufbau, Gestaltung und Formulierung angeht. Sie können Ihrer Kreativität also freien Lauf lassen.

Und doch wertet es Ihren Glückwunsch zusätzlich auf, wenn Sie einige Formalia beachten:

- Bedienen Sie sich einer natürlichen Wortwahl sowie einer zeitgemäßen Sprache ohne übertriebenen Pathos und ohne Schwülstigkeit – es sei denn, Sie wollen solche Formulierungen bewusst als Stilmittel einsetzen.
- Vermeiden Sie antiquiert wirkende Floskeln wie „anlässlich", „diesbezüglich" oder „bezugnehmend auf". Sehr viel besser und moderner klingt da ein „Herzlichen Glückwunsch zum/zur ..." oder „Zum/Zur ... gratuliere ich ganz herzlich ...". Dass Sie sich auch bei privaten Glückwünschen um einen korrekten Satzbau und eine (möglichst) fehlerfreie Rechtschreibung bemühen, versteht sich von selbst.
- Greifen Sie zum Füller oder einem gut funktionierenden Faserstift und schreiben Sie Ihren Text sowie die Anschrift des Empfängers (siehe Seite 18f.) handschriftlich auf den Umschlag. Den Computer beziehungsweise den Drucker (oder eventuell sogar noch die Schreibmaschine) sollten Sie wirklich nur dann verwenden, wenn Ihre Handschrift trotz echten Bemühens nicht oder nur mit großer Anstrengung zu entziffern ist.
- Wie förmlich die Anrede ausfällt, richtet sich nach der Beziehung zum Empfänger und dem Grad der Vertrautheit. Am besten verwenden Sie hier die Anrede, die Sie sonst üblicherweise auch gebrauchen – das kann, je nach Anlass, auch ein Spitz- oder Kosename sein (siehe dazu auch Seite 20f.).
- Achten Sie darauf, dass der Empfänger nachvollziehen kann, von wem die Glückwünsche stammen. Geht Ihre Identität nicht eindeutig aus Ihrer Unterschrift hervor, sorgen Sie dafür, dass Ihr Name lesbar (!) als Absender auf dem Umschlag genannt ist.
- Verzichten Sie auf die Stempel- oder Frankiermaschine, das wirkt zu „geschäftsmäßig". Das Tüpfelchen auf dem i ist natürlich eine Sondermarke mit passendem Motiv. Fragen Sie am Postschalter nach, es gibt hierfür ein reichhaltiges Angebot.
- Werten Sie Ihre Glückwunschkarte nicht dadurch ab, dass Sie ihr noch andere Nachrichten/Anlagen beifügen (ausgenommen natürlich ein Geschenk). Verschicken Sie diese lieber mit separater Post.

Die korrekte Anschrift

Eine fehlerhafte und/oder altmodische Anschrift schmälert den Eindruck, den Ihre Glückwunschkarte beim Empfänger hinterlässt, und das gleich auf den ersten Blick. **Daher hier einige Tipps:**

- Bei Erwachsenen wird der komplette Name genannt und ein „Herrn" beziehungsweise „Frau". Die Präposition „An" ist mittlerweile ebenso veraltet wie das „Fräulein". Entsprechend heißt es auf dem Kuvert: *Herrn Max Muster* beziehungsweise *Frau Monika Muster*. Bei Kindern und Jugendlichen werden nur Vor- und Nachname genannt.
- Bei (Ehe-)Paaren werden in Zeiten der Gleichberechtigung beide Namen genannt, wobei es gebräuchlicher ist, den Namen des Mannes zuerst zu nennen. Höflicher ist jedoch, den Namen der Frau voranzustellen. Formulierungen wie „Eheleute Muster" oder „Max Muster und Frau/Gemahlin/Gattin" gehören ein für allemal der Vergangenheit an. Entsprechend haben Sie folgende Möglichkeiten:
  Herrn und Frau Max und Martina Muster
  Frau Martina und Herrn Max Muster
  Herrn Max Muster und Frau Martina Muster
  Letztere Variante ist am empfehlenswertesten, da Sie damit auch unterschiedliche Namen, Titel und Grade sowie Geschlechtsgleichheit problemlos darstellen können:
  Herrn Max Muster und Frau Martina Mustermann
  Herrn Max Graf zu Musterstein und Frau Martina Baronin von Muster
  Frau Professorin Dr. Martina Muster und Herrn Max Muster
  Herrn Max Muster und Herrn Dr. Michael Muster
  Frau Martina Muster und Frau Michaela Mustermann
  Ob zwischen den beiden Namen dabei ein „und", ein Komma oder ein Gedankenstrich steht, ist Geschmackssache. Ebenso die Frage, welchen Partner Sie bei einem gleichgeschlechtlichen Paar zuerst nennen (sofern Sie beide gleich gut kennen, ansonsten empfiehlt es sich, den Namen der vertrauteren Person voranzustellen). Und bitte verkürzen Sie aus Platzmangel nicht eigenmächtig einen Doppelnamen. Teilen Sie stattdessen die Anschrift lieber:
  Frau Martina Muster-Mustermann,
  Herrn Max Muster

- Auch die Anschrift „Familie Max Muster" ist nicht mehr zeitgemäß. Nennen Sie stattdessen alle Familienmitglieder beim Namen:
  Herrn Max Muster und Frau Martina Muster
  mit Michael und Markus
  Frau und Herrn Martina und Max Muster
  Michael Muster und Markus Muster
  Mit der Formulierung „Familie Muster" behelfen Sie sich bitte nur dann, wenn Ihnen nicht alle Vornamen bekannt sind.
- Zusätze wie „Hochzeitspaar", „Kommunionskind", „Geburtstagskind" haben in der Anschrift streng genommen nichts zu suchen. Verzichten Sie deshalb besser darauf.

Und zum Schluss noch ein paar Worte zum Thema „Titel und akademische Grade":

- Der Professoren-Titel wird sowohl in der Anschrift als auch in der brieflichen Anrede ausgeschrieben. Auch heißt die korrekte weibliche Form nicht „Frau Professor", sondern „Frau Professorin" – ebenso wie „Frau Bürgermeisterin", „Frau Präsidentin", „Frau Pastorin" usw.
- Ganz anders der Doktortitel: Er wird sowohl in Anschrift als auch Anrede abgekürzt (und es bleibt auch in der persönlichen Ansprache bei „Frau Doktor"). Führt der Betreffende zusätzlich einen Professoren-Titel, wird der „Dr." in der Anrede komplett unterschlagen (nicht aber in der Anschrift!).
- Adelsbezeichnungen sind ein offizieller Teil des Namens und werden dementsprechend sowohl in der Anschrift als auch der Anrede genannt. Dabei gilt folgende Faustregel: Bei Adelstiteln wie Baron, Graf, Fürst usw. fallen die bürgerliche Anrede „Herr/Frau" sowie die Präpositionen „von/zu" weg – sie kommen nur in der Anschrift vor. Sie schreiben in Ihrer Karte also „Sehr geehrter/Lieber Baron von Muster" beziehungsweise „Sehr geehrte/Liebe Fürstin Musterfrau". Eine Ausnahme bilden hier der Freiherr, der Ritter und der Edle. Die korrekte Anrede für Herrn Max Freiherr (Ritter, Edler) von Muster lautet „Sehr geehrter/Lieber Herr von Muster" beziehungsweise „Sehr geehrte/Liebe Frau von Muster" für Frau Martina Freifrau (Edle) von Muster.

Ein bisschen Spaß muss sein ...

Wir kennen wohl alle den Gute-Laune-Hit von Roberto Blanko, doch dieses Motto gilt für Glückwünsche nur eingeschränkt – auch wenn man bei vielen Karten leider eher einen anderen Eindruck hat: Lustig um jeden Preis. Doch wie leicht wird ein flotter Spruch, so gut er auch gemeint sein mag, als geschmacklos oder sogar verletzend empfunden. Und das, obwohl wir damit doch eigentlich einem Menschen, den wir mögen oder zumindest schätzen, unsere guten Wünsche und unsere „Mit-Freude" übermitteln wollen.

Wie lustig beziehungsweise derb es zugehen darf, hängt natürlich auch vom jeweiligen **Anlass** ab. Zur Geburt, zur Taufe oder zur Goldenen Hochzeit sind eher feierliche Glückwünsche angemessen, während Sie es bei einem Geburtstag ruhig auch einmal krachen lassen können – vorausgesetzt, Sie wissen, dass das Geburtstagskind einen solchen Scherz „verträgt". Fragen Sie im Zweifelsfall lieber bei guten Freunden, der Familie usw. nach.

Das soll natürlich nicht heißen, dass Ihre Glückwünsche stets nur ernst und seriös sein dürfen. Je nach Anlass und Vertrautheit ist ein wenig Spöttelei, Ironie oder selbst Lästerei durchaus erlaubt, insbesondere dann, wenn Sie beispielsweise eine bestimmte Angewohnheit oder Marotte des Betreffenden liebevoll(!) auf die Schippe nehmen. Hat also jemand eine Vorliebe für ausgefallene Schuhe,

Liebenswerte „Macken" wie z. B. ein Schuhtick können durchaus in einen Glückwunsch mit einbezogen werden.

Brillen oder Stofftiere beziehungsweise ist jemand als totaler Chaot, notorischer Zuspätkommer oder „fanatischer" Modelleisenbahnfan bekannt, können Sie das sehr wohl aufgreifen. Wichtig ist dabei, sich im Vorfeld Gedanken darüber zu machen, wie Ihr Glückwunsch beim Empfänger ankommen wird. Steht er zu seinen Eigenheiten und kann darüber lachen oder empfindet er sie insgeheim als Schwäche? Trifft eher Letzteres zu oder sind Sie sich nicht sicher, verwerfen Sie Ihre Idee lieber, denn Sie würden bestimmt auch nicht wollen, dass man auf Ihren wunden Punkten „herumreitet". Achten Sie bei Scherzen zudem darauf, dass das „Opfer" diese nicht missverstehen kann. Das heißt, stellen Sie sicher, dass Scherze auf jeden Fall auch als solche erkannt werden. Anspielungen auf körperliche Merkmale wie Größe, Gewicht oder besondere Auffälligkeiten sollten Sie generell unterlassen. Ebenso haben Hinweise auf bestimmte Lebensumstände (Scheidung, Arbeitslosigkeit, Kinderlosigkeit), sexuelle Vorlieben, Behinderungen sowie ethische, religiöse und politische Überzeugungen in einem Glückwunschtext nichts zu suchen.

Generell gilt: Unterlassen Sie alles, was den Empfänger verletzen oder unliebsame Erinnerungen bei ihm wachrufen könnte. Dazu gehören zum Beispiel Rückschläge und Misserfolge auf dem Weg zum Sieg/zur Beförderung/zur Auszeichnung, gemachte Fehler oder das Gerade-noch-Bestehen bei Prüfungen sowie die Erwähnung der gescheiterten ersten Ehe bei einer erneuten Hochzeit. Auch sollten Sie sich darüber im Klaren sein, dass das Thema Alter gerade bei runden Geburtstagen heikel sein kann – sowohl bei Frauen als auch bei Männern.

Übrigens: Ein wenig Nachdenklichkeit ist – wohl dosiert – durchaus erlaubt, insbesondere bei Anlässen wie Kommunion, Einschulung, Studienabschluss usw. Allerdings sollte das niemals in eine Belehrung ausarten.

Missbrauchen Sie Ihren Glückwunsch bitte darüber hinaus nicht als „Abrechnung", aus der Groll, Meinungsverschiedenheiten, Neid oder verletzte Gefühle herauszulesen sind. Können Sie in dieser Beziehung nicht über Ihren Schatten springen, gratulieren Sie lieber gar nicht.

So wird Ihre Glückwunschkarte
zum echten Hingucker

Sie wissen nun eigentlich alles, was Sie wissen müssen, damit Ihr Glückwunsch bei seinem Empfänger ungetrübte Freude auslöst: Sie kennen die Vor- und Nachteile der verschiedenen Übermittlungswege und können den häufigsten formellen sowie inhaltlichen Stolpersteinen elegant aus dem Weg gehen. Aber natürlich gibt es immer die Möglichkeit, „noch einen draufzusetzen", Ihren Glückwunsch zu etwas ganz Besonderem, einem echten Hingucker zu machen. Einige dieser Möglichkeiten werden im Folgenden kurz vorgestellt. **Doch bedenken Sie bitte:** Manche davon eignen sich nicht für einen spontanen Glückwunsch, sondern erfordern ein wenig zeitlichen Vorlauf und Planung – zumal Sie möglicherweise auch Hilfe von anderen benötigen werden. Lassen Sie sich inspirieren ...

Wenn sich Glückwunschkarten in Schale werfen

Eine vergleichsweise einfache Möglichkeit, Ihrem Glückwunsch das gewisse Extra zu verleihen, ist, die (gekaufte) Karte an sich aufzupeppen. Wagen Sie sich also ruhig einmal an ungewöhnliche Formate, zum Beispiel an eine runde Karte zum runden Geburtstag oder eine Karte im XXL-Format, um der großen Freude über die Geburt Ihres Neffen Ausdruck zu verleihen. Solange die Karte in ein gebräuchliches Kuvert passt, ist alles möglich.

Auch mithilfe einer eher ungewöhnlichen Schriftfarbe – natürlich abgestimmt auf die Farbe der Karte – können Sie einen tollen Effekt erzielen. Schreiben Sie also zum Beispiel „Ton in Ton" mit Dunkelgrün auf hellgrünem Papier oder mit Lila auf fliederfarbenem. Gold und Silber sorgen für zusätzlichen Glanz. Lassen Sie Ihrer Experimentierfreude freien Lauf. Entsprechende Tinte und Lackstifte gibt es mittlerweile in nahezu allen Farben.

Übrigens: Mit dem entsprechenden Marker können Sie Ihren Glückwunsch auch direkt auf das Geschenk schreiben, insbesondere bei selbst gemachten Präsenten aus der Küche wie einer Flasche Likör oder einem Glas der Lieblingsmarmelade.

Ebenfalls eine hübsche Idee sind kleine Beigaben beziehungsweise Verzierungen mit Bezug zur Person, dem Ereignis oder dem Glückwunschtext. **Denkbar sind hier zum Beispiel:**

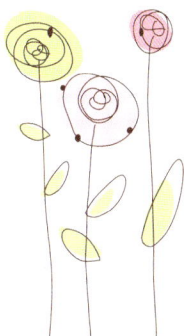

- eine kleine Tafel Schokolade, ein Stück Traubenzucker oder ein Tütchen Gummibären als „Essen für die Seele" für den Notfall oder den kleinen Energieschub zwischendurch.
- eine kleine Kerze (wie man sie zum Verzieren von Kuchen verwendet) und ein Streichholz als Geburtstagsgruß.
- eine Brausetablette, die als „Schlaftablette" frischgebackenen Eltern zu etwas mehr Schlaf verhelfen soll.
- ein „Sternenregen" für das Hochzeitspaar in Form einer Wunderkerze.
- ein Tütchen mit Pfeffer, Paprika, Curry oder Gewürznelken für die richtige Würze (oder auch Schärfe) im neuen Lebensjahr oder in der Ehe.
- ein Beutel Kamillen-, Pfefferminz-, Brennnessel- oder Baldriantee für den gestressten Kollegen oder als Hilfe zur baldigen Genesung (alternativ: ein Vitaminpräparat).
- Glücksbringer aller Art (Kleeblatt, Hufeisen, Marienkäfer, Glücksschwein, Münze, Glückskeks usw.); besonders extravagant ist ein Stück von einer echten Sternschnuppe.
- ein Legostein (für das Kind im Manne gern auch mehrere) oder ein Schlüssel für den stolzen Eigentümer des neuen Hauses.

Um ein Zerbröseln, Zerbrechen, Knicken, Auslaufen usw. zu vermeiden, empfiehlt es sich, solche „Karten" (siehe auch Seite 24) in einem **gepolsterten Umschlag** zu verschicken. Auch ist es nicht unbedingt die beste Idee, einen Schokoladengruß im Hochsommer in ein Kuvert zu stecken ... Achten Sie zudem darauf, den Umschlag ausreichend zu frankieren.

Auch viele andere Miniaturen eignen sich gut als Eyecatcher für Ihre Glückwunschkarte, denken Sie zum Beispiel an einen Kinderwagen, einen Babyschuh, ein Modellauto, einen Doktorhut, ein Herz, einen Schneemann, ...

Die Glückwunschkarte, die eigentlich keine ist

Eine weitere Möglichkeit, Ihre Glückwünsche gekonnt in Szene zu setzen, besteht darin, eine originelle Alternative zur Karte zu wählen. **Hier einige Vorschläge:**

- Versenden Sie einen Keks- oder Schokoladenglückwunsch. Die dazu nötigen Keksbuchstaben können Sie selbst backen, die Schokoladenbuchstaben gibt es zu kaufen (zum Beispiel auf www.chocolissimo.de).
- Malen Sie Ihren Glückwunsch auf ein T-Shirt beziehungsweise lassen Sie es damit bedrucken. Egal ob Sie „Germany's next Top-Mami" gratulieren oder auf das Eintreten in die „30er-Zone" garantiert in Erinnerung. Entsprechende Anbieter gestalten das T-Shirt entweder nach Ihrer Vorlage oder Sie können ein vorgefertigtes Motiv aus deren Katalog auswählen. Zum Bedrucken eignen sich übrigens auch andere Gegenstände wie Tassen, Kissen, Mousepads usw.
- Ihnen fallen 100 gute Wünsche ein? Dann schreiben Sie doch jeden einzelnen auf einen kleinen Zettel und verschenken Sie ein „Wunsch-Schatzkästlein".
- Lassen Sie Ihre Glückwünsche in Bild und/oder Ton lebendig werden. Nehmen Sie – allein, mit Freunden oder der Familie – ein selbst gesungenes Ständchen auf, entweder ein passendes Lied im Original oder eine bekannte Melodie mit einem von Ihnen verfassten Text. Dazu eignen sich besonders Kinderlieder (Alle Vöglein sind schon da; Hänschen klein; Guten Abend, gute Nacht, ...), Volkslieder (Auf der schwäb'schen Eisenbahn; Eine Seefahrt, die ist lustig; Hoch auf dem gelben Wagen; Von den blauen Bergen kommen wir, ...) und Evergreens (My Way; New York, New York; Yesterday; YMCA, ...), wobei das Lieblingslied des Betreffenden natürlich das i-Tüpfelchen wäre. Oder aber Sie tragen Ihren Glückwunschtext beziehungsweise eines der Gedichte aus diesem Buch vor. Auf CD oder USB-Stick gespeichert, entsteht so ein (nahezu) unvergessliches Andenken.
- Schwelgen Sie in Erinnerungen und stellen Sie für den Empfänger der Glückwünsche – je nach Anlass – ein Fotoalbum mit den schönsten Schnappschüssen zusammen. Bekannte, Freunde

Warum nicht mal einen „klingenden" Glückwunsch verschicken?

und Familienmitglieder steuern dazu sicher gern das eine oder andere Bild bei – fragen Sie sie einfach!

- Gestalten Sie eine Zeitung oder einen Newsletter. Sie kennen das wahrscheinlich von Hochzeiten, aber auch eine Geburtstagszeitung eignet sich hervorragend zum Gratulieren. Inhalte sind in der Regel: Angaben zur Person (Lebenslauf, Arbeit, Hobbys sowie bei der Hochzeitszeitung die Kennenlern-Geschichte des Paares), kurze Anekdoten rund um das Brautpaar beziehungsweise das Geburtstagskind, Zukunftspläne und besondere Wünsche, Humorvolles rund um Hochzeit und Ehe beziehungsweise das Alter und Älterwerden, bedeutsame Ereignisse an diesem Datum in der Vergangenheit, ein Horoskop sowie Rätsel, Gedichte, Lieder und Zitate. Für ein solches Projekt sollten Sie ausreichend Zeit einplanen (zirka drei Monate) und möglichst ein „Zeitungsteam" zusammenstellen. Benötigt werden Redakteure, welche die Artikel recherchieren und schreiben, jemand, der sich um das Layout kümmert, und jemand, der alles koordiniert.
- Mögen Sie es etwas klassischer, schalten Sie eine entsprechende Glückwunsch-Anzeige in der (örtlichen) Zeitung oder versenden Ihre Glückwünsche über das Radio.

Sich mit fremden Worten schmücken – das kleine Einmaleins des Zitierens

Ebenfalls sehr gute Dienste leisten individuell auf Person und Anlass abgestimmte **Reime und Verse**. Entsprechende Vorschläge finden Sie – sofern Sie sich nicht selbst als Dichter betätigen wollen (siehe Seite 40f.) – bei den jeweiligen Anlässen.

Dichter, Denker und Philosophen – im Laufe der Jahrhunderte haben sich viele kluge Köpfe Gedanken zu allen möglichen Themen gemacht, unter anderem auch über das Wunder des Lebens, das Älterwerden, die Beziehung von Mann und Frau oder den Erfolg. Warum also nicht ein treffendes Zitat, einen geistreich-witzigen oder besinnlichen Ausspruch für Ihren Glückwunsch nutzen? Sie verleihen ihm so eine ganz persönliche Note und bringen Ihre Gedanken und Gefühle perfekt auf den Punkt.

Damit aber Ihr Zitat die gewünschte Wirkung auch tatsächlich entfalten kann und nicht „nach hinten losgeht", gilt es, einige grundsätzliche Regeln zu beachten:

- Wählen Sie das Zitat – sowohl im Hinblick auf den Anlass als auch den „Empfänger" – sorgfältig aus. Berücksichtigen Sie dabei auch, dass allzu bekannte Aussprüche leicht genau den gegenteiligen Eindruck erwecken können, nämlich dass Sie einfach das nächstbeste Zitat genommen haben, das Ihnen untergekommen ist.
- Achten Sie darauf, dass das von Ihnen ausgewählte Zitat nur die von Ihnen gewünschte Deutung zulässt und keine weitere, vielleicht missverständliche. Auch empfiehlt es sich, einen näheren Blick auf den Zitatgeber zu werfen. Dieser sollte keine grundsätzlich anderen Werte und Einstellungen vertreten als der zu Beglückwünschende. So werden Sie zum Beispiel bei einer Taufe, die den offiziellen Eintritt in die christliche Gemeinschaft markiert, nicht unbedingt mit einem Zitat punkten können, das von einem bekennenden Kirchengegner stammt – selbst wenn es in dieser Hinsicht völlig unverfänglich ist.

- Setzen Sie Zitate sparsam ein. Eines pro Glückwunsch ist genug!
- Schmücken Sie sich nicht mit fremden Federn, sondern nennen Sie immer den entsprechenden Zitatgeber („XX hat einmal gesagt ...", „XX meint dazu ...").
- Ein Zitat sollte immer mit dem Original übereinstimmen, auch wenn Ihnen die Sprache antiquiert erscheint. Nehmen Sie darüber hinaus keine sinnentstellenden Auslassungen oder Kürzungen vor – selbst wenn das Zitat so besser in Ihren Glückwunsch passt. Versuchen Sie auch nicht, ihm eine neue Bedeutung zu geben, indem Sie das Zitat (oder Teile davon) aus seinem ursprünglichen Zusammenhang reißen und in einen neuen stellen.
- Am besten wirken Zitate, wenn sie nicht allein stehen, sondern in den Glückwunsch „eingebaut" werden, zum Beispiel so: „Auch in der Ehe ist nicht immer alles eitel Sonnenschein. Dann und wann wird es auch Stolpersteine auf eurem gemeinsamen Lebensweg geben. Dann erinnert euch an folgende Worte von Goethe: ‚Auch aus Steinen, die in den Weg gelegt werden, kann man Schönes bauen.' In diesem Sinne wünsche ich euch beiden viele kreative Ideen, viel Glück und von Herzen alles Gute zu eurer Hochzeit." Weitere Beispiele finden Sie u. a. auf den Seiten 44, 57, 64, 77, 83, 93, 97, 109, 121, 132,143.
- Und das Wichtigste zum Schluss: Verwenden Sie Zitate niemals, um Ihre gute Bildung zur Schau zu stellen oder andere zu belehren.

Wieder ein Jahr älter

Die Geburtstagskarte ist wohl diejenige, die Sie im Laufe der Zeit am häufigsten schreiben: Verwandte, Freunde, Bekannte und Kollegen – da kommt einiges zusammen. Kein Wunder also, wenn einem da irgendwann die Ideen ausgehen. Die folgenden Vorschläge sollen helfen, diesen Fundus wieder aufzufüllen. Und vielleicht inspiriert Sie die eine oder andere Idee ja auch zu ganz neuen, eigenen, kreativen Glückwünschen.

Herzlichen Glückwunsch zum Geburtstag!

Einen gelungenen Glückwunsch weiß selbst der größte „Geburtstagsmuffel" zu schätzen. Und je individueller dieser ausfällt, desto mehr Wertschätzung vermittelt er.

Ein **Geburtstagskalender** – egal ob in traditioneller Papier- oder elektronischer Form – stellt nicht nur sicher, dass Sie niemanden vergessen, dem Sie gern gratulieren möchten (sofern Sie auch regelmäßig hineinschauen!), sondern eignet sich auch bestens für nützliche Notizen zu dem oder der Betreffenden: Vorlieben, Hobbys, Anekdoten, Geschenkideen usw.

Dazu haben Sie mehrere Möglichkeiten:

- ein kreativ abgewandeltes Zitat (s. Seite 33ff.).
- ein passender poetischer Geburtstagsgruß (s. Seite 36ff.).
- eine speziell auf das „Geburtstagskind" zugeschnittene Gratulation.

Für letztere Variante benötigen Sie ein wenig „Hintergrundwissen": Hat der Betreffende liebenswerte Eigenarten, typische Verhaltensweisen oder Charaktereigenschaften, auf die Sie Bezug nehmen könnten? Gibt es besondere Pläne für das neue Lebensjahr? Welchen Hobbys geht er in seiner Freizeit nach? Ist er beispielsweise ein begeisterter Gärtner, Sportler oder passionierter Theater- beziehungsweise Operngänger? Engagiert er sich in einem Verein? Welche Vorlieben hat er? Auf all das können Sie in Ihrem Glückwunsch ebenfalls eingehen.

Weißt Du noch, damals im Sommer 1973 ...?

Weitere Anknüpfungspunkte können zudem sein:

- eine berühmte Persönlichkeit, die am gleichen Tag geboren wurde; wählen Sie möglichst eine Person, die dem Geburtstagskind bekannt ist, die es sympathisch findet und zu der es einen Bezug gibt (also zum Beispiel einen bekannten Opernsänger/ Komponisten für einen Liebhaber klassischer Musik, einen Forscher oder Naturwissenschaftler für einen Technik-Begeisterten, einen Sportler für den Fitness-Fan, einen Schauspieler/Regisseur für den Kino-Liebhaber, ...)
- ein historisches Ereignis, das an diesem Datum stattfand.
- eine gemeinsame Erinnerung/gemeinsame Erlebnisse, die Sie mit dem Geburtstagskind verbinden.
- ein Kompliment, das Sie demjenigen machen, beziehungsweise ein Dankeschön, das sie ihm aussprechen wollen.
- das Geschenk, das Sie ausgesucht haben; insbesondere bei Gutscheinen und Geldgeschenken empfiehlt sich eine kurze Erläuterung, da diese oft als einfallslos gelten.

Sie kennen die Person (noch) nicht so gut? Dann helfen Freunde, Bekannte oder Familienmitglieder des Betreffenden sicher gern mit einem entsprechenden Tipp. Und auch das Internet leistet in dieser Hinsicht inzwischen wertvolle Dienste. Googeln Sie doch einfach mal den Namen des „Geburtstagskindes" ...

Individuelle Glückwünsche zum Geburtstag

Liebe Mama,

was wäre ich ohne deine Hilfe? Ziemlich verzweifelt! Aber so weiß ich unseren kleinen Racker in den besten Händen und kann beruhigt in die Arbeit gehen.

Dafür 1000 Dank und alles Liebe zum Geburtstag!

Deine Steffi

Lieber Herr Grunert,

kein Wunder, dass Sie als ausgewiesener Grillfreund im Sommer Geburtstag haben. In diesem Sinne wünsche ich Ihnen an Ihrem Ehrentag strahlenden Sonnenschein und gute Glut.

Ich gratuliere herzlich!

Ihr Helmuth Dibold

Kreativer Notnagel: Wenn Sie das Geburtsjahr des Geburtstagskindes kennen, dann gratulieren Sie doch einfach monats-, tages- oder stundengenau. Zum Beispiel so: „Wusstest du eigentlich, dass du schon stolze 8030 Tage alt bist? Dazu von mir 8030 gute Wünsche zu deinem Geburtstag!"

Liebe Judith,

dass aus dir mal etwas ganz Besonderes werden würde, war von Anfang an klar – wie der Blick in die Zeitung vom xx.xx.xx beweist: ...

Herzlichen Glückwunsch!

Dein Alex

Lieber Julian,

mit dem Oldtimer, den du herrichten willst, hast du dir für
dein neues Lebensjahr ja einiges vorgenommen – aber es ist
ja auch wirklich ein toller Schlitten! Und wenn du Unterstüt-
zung brauchst, dein großer Bruder hilft dir wie immer gern ...

Herzlichen Glückwunsch und viel Erfolg!

Dein Markus

~~~~

Lieber Christian,

es gibt Zeiten zum Arbeiten und Zeiten zum Feiern. Und
heute – an deinem Geburtstag – ist es Zeit zu feiern. Also:
Computer und Handy aus und mit uns angestoßen!

Happy Birthday!

Olaf, Ingo, Jan und Dieter

~~~~

(zusammen mit einem Geldschein)
Lieber Helmut,

ich weiß, ich weiß, du hast gesagt: „Keine Geschenke!"
Und im Grunde habe ich mich ja auch daran gehalten:

> Dir nicht zu schenken, hab ich versprochen,
> und sieh, getreulich halt ich's dir;
> unmöglich wird mein Wort gebrochen
> durch dieses lumpige Stück Papier.
> *(Theodor Fontane)*

Herzlichen Glückwunsch und alles Gute!

Andreas

Liebe Frau Fröhlich,

ein chinesisches Sprichwort sagt: „Wer mit Geschenken kommt, hat sicher eine Bitte." Und ehrlich gesagt ist auch mit unserem Geburtstagsgeschenk eine Bitte verbunden: Bleiben Sie noch lange unsere Kollegin!

Mit den besten Glückwünschen

Ihre Kollegen

Liebe Gabi,

schon als Kind war deine gute Spürnase gefürchtet – ob Weihnachtsgeschenke oder Süßigkeiten, nichts konnten wir lange vor dir verstecken. Heute bist du kein kleines Mädchen mehr, sondern feierst deinen 29. Geburtstag. Und noch immer beweist du einen hervorragenden „Riecher" – auch wenn es jetzt der nächste Bestseller ist, den es als Lektorin zu „erschnüffeln" gilt. Wir sind sehr stolz auf dich und wünschen dir auch weiterhin viel Erfolg.

Alles Liebe

Deine Eltern

Was haben James Bond und Ingo Grohte gemeinsam? Nicht nur den unwiderstehlichen Charme, die Abenteuerlust und die Liebe zu schnellen Autos, sondern auch das Geburtsdatum – den 11. November! Das kann kein Zufall sein …

Alles Gute zum Geburtstag und ein rasantes neues Lebensjahr wünschen

Axel & Miriam

Kleine Sammlung großer Worte – Zitate

Es gibt nichts Schöneres auf dieser Welt als einen gesunden weisen alten Mann.

Lin Yutang, chinesischer Schriftsteller (1895–1976)

Alt werden ist das einzige Mittel, das man bisher gefunden hat, um lange zu leben.

Fernand Gregh, französischer Schriftsteller (1873–1960)

Gold und Lachen können das Alter zur Jugend machen.

Aus dem Talmud

Die Kunst des Alterns besteht darin, gegen die Übel anzukämpfen und ihnen zum Trotz den Ausklang unseres Lebens zu einer Zeit des Glücks zu machen.

André Maurois, französischer Schriftsteller und Moralist (1885–1967)

Der junge Weinstock gibt mehr Trauben, der alte aber gibt besseren Wein.

Francis Bacon, englischer Philosoph und Staatsmann (1561–1626)

Ein Mann mit weißen Haaren ist wie ein Haus, auf dessen Dach Schnee liegt. Das beweist aber noch lange nicht, dass im Herd kein Feuer brennt.

Maurice Chevalier, französischer Schauspieler und Chansonnier (1888–1972)

Frohsinn und Zufriedenheit sind große Verschönerer und berühmte Pfleger von jugendlichem Aussehen.

Charles Dickens, englischer Schriftsteller (1812–1870)

Je älter man wird, desto mehr ähnelt die Geburtstagstorte einem Fackelzug.

Katherine Hepburn, amerikanische Schauspielerin (1907–2003)

Eine glückliche Erinnerung ist vielleicht auf Erden wahrer als das Glück.

Alfred de Musset, französischer Schriftsteller (1810–1857)

Alter ist Freiheit, Vernunft, Klarheit, Liebe.

Leon Nikolajewitsch Tolstoi, russischer Dichter (1828–1910)

Alles, was Spaß macht, hält jung.

Curd Jürgens, deutscher Schauspieler (1915–1982)

In der richtigen Weise wird nur alt, wer das Altsein nicht bloß erleidet, sondern innerlich annimmt.

Romano Guardini, katholischer Theologe (1885–1968)

Wenn du sehr alt werden willst, musst du beizeiten anfangen.

Spanisches Sprichwort

Kluge Menschen verstehen es, den Abschied der Jugend auf mehrere Jahrzehnte zu verteilen.

Françoise Rosay, französische Schauspielerin (1891 – 1974)

Schenken heißt, einem anderen etwas geben, das man am liebsten selbst behalten möchte.

Selma Lagerlöf, schwedische Schriftstellerin (1858 – 1940)

Ein Leben ohne Feste ist wie ein langer Weg ohne Einkehr.

Demokrit, griechischer Philosoph (460 – 371 v. Chr.)

Altsein ist ein herrliches Ding, wenn man nicht verlernt hat, was anfangen heißt.

Martin Buber, österreichischer Religionsphilosoph (1878 – 1965)

Der Rost macht erst die Münze wert.

Johann Wolfgang von Goethe, deutscher Dichter (1749 – 1832)

Lebensfreude ist die beste Kosmetik.

Unbekannt

Geburtstage sind die Tage,
an denen man das,
was war, betrachtet,
das, was ist, bewertet
und das, was sein wird,
voller guter Hoffnung erwartet.

Samuel Butler, englischer Dichter (1612 – 1680)

Der alte Ingwer ist der schärfste.

Chinesisches Sprichwort

Jedes Jahrzehnt des Menschen hat sein eigenes Glück, seine eigenen Hoffnungen und Aussichten.

Johann Wolfgang von Goethe, deutscher Dichter (1749 – 1832)

Das wichtigste Hilfsmittel, im Alter jung zu bleiben, heißt wohl: Immer Neues lernen, sich überhaupt für etwas interessieren und stets noch etwas vor sich haben.

Carl Hilty, schweizerischer Jurist, Politiker und Philosoph (1833 – 1909)

Wirklich glücklich ist, wer jeden Tag sagen kann: Heute habe ich gelebt.

Horaz, römischer Dichter (65 – 8 v. Chr.)

Deine Weisheit sei die Weisheit der grauen Haare, aber dein Herz sei das Herz der unschuldigen Kindheit.

Friedrich Schiller, deutscher Dichter (1759 – 1805)

Das Leben mit seinen verschiedenen Epochen ist eine Schatzkammer. Wir werden reich in jedem Gewölbe beschenkt; wie reich, das erkennen wir erst beim Eintritt in das nächste Gewölbe.

Friedrich Hebbel, deutscher Schriftsteller (1813 – 1863)

Alter ist irrelevant, es sei denn,
du bist eine Flasche Wein.

*Joan Collins, englische Schauspielerin
(geb. 1933)*

Jeder, der sich die Fähigkeit erhält,
Schönes zu entdecken, wird nie alt
werden.

*Franz Kafka, österreichischer Schriftsteller
(1883 – 1924)*

Alter spielt sich im Kopf ab,
nicht auf der Geburtsurkunde.

*Martina Navratilova, amerikanische Tennis-
spielerin (geb. 1956)*

Man hört auf jung zu sein, wenn man
die Gesellschaft der anderen nicht
mehr braucht.

*Cesare Pavese, italienischer Lyriker
(1908 – 1950)*

Die wahre Jugend ist eine Eigenschaft, die sich nur mit den Jahren
erwerben lässt.

*Jean Cocteau, französischer Dichter und
Regisseur (1889 – 1963)*

Lerne alt zu werden mit einem jungen
Herzen. Das ist die Kunst.

*Johann Wolfgang von Goethe, deutscher Dichter
(1749 – 1832)*

Mögest du leben, so lange du willst,
und es wollen, so lange du lebst.

Irisches Sprichwort

Seelenruhe, Heiterkeit und Zufriedenheit sind die Grundlagen allen Glücks,
aller Gesundheit und des langen
Lebens.

*Christoph Wilhelm Hufeland, deutscher Mediziner
(1762 – 1836)*

Monde und Jahre vergehen und sind
immer vergangen, aber ein schöner
Moment leuchtet das ganze Leben
hindurch.

*Franz Grillparzer, österreichischer Schriftsteller
(1791 – 1872)*

Keine Grenze verlockt uns mehr zum
Schmuggeln als die Altersgrenze.

*Robert Musil, österreichischer Schriftsteller
(1880 – 1942)*

Wer jung bleiben will, muss mit der
Zeit und ein Stück ihr voraus leben,
mit Witz begabt sein und lachen
können, vor allem über sich selbst.

*Johannes Robert Becher, deutscher Schriftsteller
(1891 – 1958)*

Jedes Alter hat seine Vergnügungen,
seinen Geist und seine Sitten.

*Nicolas Boileau-Despréaux, französischer
Schriftsteller (1636 – 1711)*

Kein kluger Mensch hat sich jemals
gewünscht, jünger zu sein.

*Jonathan Swift, irischer Schriftsteller und Satiriker
(1667 – 1745)*

Mal heiter, mal besinnlich – Reime und Verse

Kummer sei lahm!
Sorge sei blind!
Es lebe das Geburtstagskind!

*Theodor Fontane, deutscher Schriftsteller
(1819–1898)*

In dein Betragen – Welt,
in deinen Beutel – Geld.
Witz unter deinem Hut,
Feuer in deinem Blut –
ist der Wunsch nicht gut?

*Georg Christoph Lichtenberg, deutscher
Schriftsteller und Physiker (1742–1799)*

Ich wünsche dir zum Wiegenfeste
von ganzem Herzen alles Beste,
und außerdem – das ist ganz klar:
ein schönes neues Lebensjahr!

Unbekannt

Der Strauß, den ich gepflücket,
grüßt dich vieltausendmal!
Ich hab mich oft gebücket,
ach, wohl eintausendmal,
und ihn ans Herz gedrücket
vielhunderttausendmal!

*Johann Wolfgang von Goethe, deutscher Dichter
(1749–1832)*

Zu deinem Geburtstag wünsch'
ich dir:
Nur Gutes komm' zu deiner Tür.
Auf jedem Weg, zu jeder Zeit,
sei Gottes Segen dein Geleit!

Volkstümlich

Vollendet ist das alte Jahr,
ein neues fängt heut' an,
d'rum bring ich meinen
Glückwunsch dar,
so gut ich's eben kann.

In Freude fliehe jeder Tag,
den Sie erwachen seh'n,
und was Ihr Herz auch wünschen mag,
soll in Erfüllung geh'n!

Unbekannt

Sei von Herzen froh!
Das ist das A und O.

*Johann Wolfgang von Goethe,
deutscher Dichter (1749–1832)*

Ist einer heiter,
so ist es einerlei,
ob er jung oder alt,
gerade oder bucklig,
arm oder reich sei,
er ist glücklich.

*Arthur Schopenhauer,
deutscher Philosoph (1788–1860)*

Rezept für ein glückliches Lebensjahr:
Man nehme etwas Glück,
von Liebe auch ein Stück,
Geduld und etwas Zeit,
Erfolg und Zufriedenheit.
Das Ganze gut gerührt
zu langem Leben führt.

Volkstümlich

Lebe! Liebe! Lache!
Auf diese Weise mache
dein neues Jahr zu einem Fest,
das dich dein Leben feiern lässt.
Es soll das neue Lebensjahr
noch besser sein, wie's alte war!

Volkstümlich

Ich wünsche, dass dein Glück
sich jeden Tag erneue,
dass eine gute Tat
dich jede Stund' erfreue!
Und wenn nicht eine Tat,
so doch ein gutes Wort,
das selbst im Guten wirkt,
zu guten Taten fort.
Und wenn kein Wort, doch
ein Gedanke schön und wahr,
der dir die Seele mach' und
rings die Schöpfung klar.

Friedrich Rückert, deutscher Dichter
(1788 – 1866)

Die Sonne blickt mit hellem Schein
so freundlich in die Welt hinein.
Machs ebenso!
Sei heiter und froh!
Der Baum streckt seine Äste vor,
zur Höhe strebt er kühn empor.
Machs wie der Baum
im sonnigen Raum!
Die Quelle springt und rieselt fort,
zieht rasch und leicht von Ort zu Ort.
Machs wie der Quell
und rege dich schnell!
Der Vogel singt sein Liedlein hell,
freut sich an Sonne, Baum und Quell.
Machs ebenso!
Sei rüstig und froh!

Johann Gottfried Herder, deutscher Dichter und
Theologe (1744 – 1803)

Älter werden schließlich alle,
doch eines gilt in jedem Falle:
Jeweils alle Lebenszeiten
haben ganz besondere Seiten.
Wer sie sinnvoll nutzt mit Schwung,
der bleibt sicher hundert Jahre jung.

Volkstümlich

Leicht zu leben, ohne Leichtsinn,
heiter zu sein, ohne Ausgelassenheit,
Mut zu haben, ohne Übermut –
das ist die Kunst des Lebens!

Theodor Fontane, deutscher Schriftsteller
(1819 – 1898)

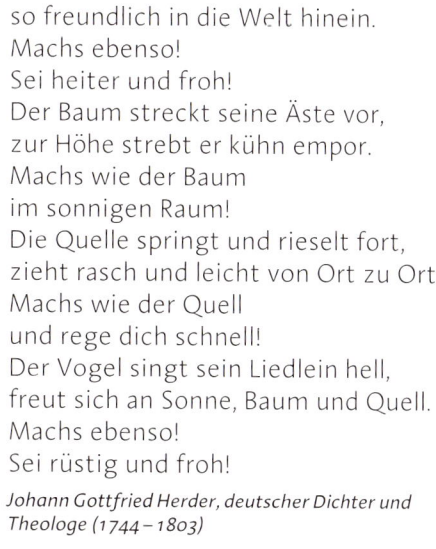

Zum Geburtstag recht viel Glück,
immer vorwärts, nie zurück,
wenig Arbeit und recht viel Geld,
große Reisen in die Welt,
jeden Tag gesund sich fühlen,
sechs Richtige im Lotto spielen,
ab und zu ein Gläschen Wein,
dann wirst du immer fröhlich sein.

Unbekannt

Alt macht nicht die Zahl der Jahre,
alt machen nicht die grauen Haare,
alt ist, wer den Mut verliert
und sich für nichts mehr interessiert.
D'rum nimm alles mit Freud' und
Schwung,
dann bleibst du auch im Herzen jung.
Zufriedenheit und Glück auf Erden
sind das Rezept, uralt zu werden.

Volkstümlich

Ich wünsche dir
nicht alles Gute und alles Glück
der Welt.
Auch kein Auto oder gar viel Geld.
Nein, was ich dir wünsche, ist,
dass du auch ohne diese Dinge
glücklich bist.

Ich wünsche dir
ein Strahlen in die Augen,
ein Lächeln ins Gesicht.
Und vergiss niemals nicht,
egal wie schwer es ist,
dass du etwas ganz Besonderes bist.

Unbekannt

Wer des Morgens drei Mal
schmunzelt,
mittags nie die Stirne runzelt,
abends singt, dass alles schallt,
der wird hundert Jahre alt.

Volkstümlich

Ich wünsche dir,
dass du liebst, als hätte dich noch
nie jemand verletzt,
dass du tanzt, als würde keiner
zuschauen,
dass du singst, als würde keiner
zuhören,
dass du lebst, als wäre das Paradies
auf Erden.

Geburtstagsgruß aus Irland

Wieder ist ein Jahr vergangen,
g'rad erst hat es angefangen,
tröste dich und bleibe froh,
anderen geht es ebenso,
lasse dich durch nichts verdrießen,
frohe Stunden zu genießen,
dann sagst du in einem Jahr:
Dieses Jahr war wunderbar!

Unbekannt

Ich wünsche dir die schönsten
Vergnügungen dieser Welt:
Sich in Gesundheit aalen,
im Geld schwimmen,
im Erfolg sonnen,
in Liebe tauchen
und in Glück baden.

Kalenderspruch

Sag selbst, was ich dir wünschen soll,
ich weiß nichts zu erdenken.
Du hast ja Küch' und Keller voll,
nichts fehlt in deinen Schränken.

Friedrich Schiller, deutscher Dichter
(1759 – 1805)

Von Wünschen ist mein Herz so voll,
sodass ich, was ich sagen soll,
kaum weiß, denn so ein Tag wie heut'
lacht mir ja nicht zu aller Zeit.

Gesundheit und Zufriedenheit,
nebst allem, was dich sonst erfreut,
ein langes Lebens obendrein,
soll alles dir bescheret sein!

Aus dem 19. Jahrhundert

Sieh, (Name), diese Blümlein hier,
so duftig blühend, schenk ich dir
und wünsche, dass der heut'ge Tag
dir oft noch wiederkehren mag.

Aus dem 19. Jahrhundert

Glückwunsch! Jeder Tag im Leben
sei von Glück und Glanz umgeben;
rundherum sei alles heiter
und so weiter und so weiter!

Unbekannt

Weil wir feiern dein Geburtstagsfest,
sprang ich ganz früh heut' aus dem
Nest
und bringe dir als meinen lieben
Morgengruß
dein Frühstück ans Bett mit einem
Kuss.
Was man sich Gutes denken mag,
das wünsch' ich dir zu diesem Tag.

Unbekannt

Will das Glück nach seinem Sinn
dir was Gutes schenken,
sag Dank und nimm es hin
ohne viel Bedenken.
Jede Gabe sei begrüßt,
doch vor allen Dingen:
Das, worum du dich bemühst,
möge dir gelingen.

Wilhelm Busch, deutscher Dichter
(1832 – 1908)

Durchwandle froh und heiter
dein Leben Jahr für Jahr,
das Glück sei dein Begleiter,
dein Himmel ewig klar.

Volkstümlich

Weg, weg mit Wünschen, Reimen,
Schwänken!
Trinkt fleißig, aber trinket still!
Wer wird an die Gesundheit denken,
wenn man die Gläser leeren will?

Gotthold Ephraim Lessing, deutscher Dichter
(1729 – 1781)

Tipp:

Haben Sie eine eigene Idee, die Sie in Worte fassen möchten? Dann trauen Sie sich ruhig, einmal selbst zum Dichter zu werden. Denn auch wenn das von Ihnen verfasste Gedicht nicht hundertprozentig perfekt wird, so ist es doch einer der persönlichsten Glückwünsche, den Sie dem Adressaten aussprechen können. Dazu gehen Sie am besten folgendermaßen vor.

Notieren Sie alles, was Ihnen zu Ihrer Idee einfällt. Soll Ihr Gedicht sich reimen, halten Sie bei dieser Gelegenheit auch gleich alle Wörter fest, die sich auf die bereits gefundenen Begriffe reimen. Daraus bauen Sie in einem zweiten Schritt das Grundgerüst: Sortieren Sie Ihre Notizen und bringen Sie diese in eine sinnvolle Reihenfolge. Danach beginnt der kreative Teil, denn nun geht es ans Ausformulieren. Drehen und wenden Sie die Worte und Sätze so lange, bis Sie das Gefühl haben, dass alles „rund" klingt.

Und für alle, die es ähnlich wie der bekannte Kobold Pumuckl sehen („Was sich reimt, ist gut!"), **hier noch die wichtigsten Reimfolgen:**

- **Paarreim:** Jeweils zwei aufeinanderfolgende Zeilen reimen sich (aa bb cc ...). Beispiel:
  Ich wünsche dir nicht alle möglichen Gaben (a)
  ich wünsche dir nur, was die meisten nicht haben: (a)
  Ich wünsche dir Zeit, dich zu freu'n und zu lachen, (b)
  und wenn du sie nutzt, kannst du etwas d'raus machen. (b)
  (Joachim Ringelnatz)

  Gottes Segen soll zu jeder Zeit (a)
  denen schenken Friede und Geborgenheit, (a)
  was sich in treuer Liebe findet (b)
  und durch Verlobung fester bindet. (b)
  (Volkstümlich)

- **Kreuzreim:** Hierbei reimen sich erste und dritte, zweite und vierte, fünfte und siebte Zeile usw. (abab cdcd ...). Beispiel:
  Zwei Segel erhellend (a)
  die tiefblaue Bucht! (b)
  Zwei Segel sich schwellend (a)
  zu ruhiger Flucht! (b)

  Wie eins in den Winden (c)
  sich wölbt und bewegt, (d)
  wird auch das Empfinden (c)
  des anderen erregt. (d)
  (Conrad Ferdinand Meyer)

- **Umarmender Reim:** Jeweils ein Paarreim wird von einem zweiten Reim „umarmt" (abba cddc ...). Beispiel:
  Ein reiner Reim ist sehr begehrt, (a)
  doch den Gedanken rein zu haben, (b)
  die edelste von allen Gaben, (b)
  das ist mir alle Reime wert. (a)
  (Johann Wolfgang von Goethe)

- **Haufenreim:** Hier wird der gleiche Reim mehr als zwei Mal wiederholt (aaaa bbbb ...). Beispiel:
  Auf den hohen Felsenklippen (a)
  sitzen sieben Robbensippen, (a)
  die sich in die Rippen stippen, (a)
  bis sie von den Klippen kippen. (a)
  (Volkstümlich)

Ihr Gedicht braucht auch einen **bestimmten Rhythmus.** Für Sie als Hobbydichter eignen sich am besten ein zweisilbiger Versfuß, also ein Jambus, bei dem jeweils eine betonte Silbe auf eine unbetonte folgt, oder ein Trochäus, bei dem jeweils die erste Silbe betont wird. Am besten klingt ein Vers übrigens, wenn er zwischen drei und fünf betonten Silben pro Zeile aufweist.

Vielleicht lässt sich aber auch eines der Gedichte aus diesem Buch (oder natürlich ein anderes) für Ihre Zwecke abwandeln/umformulieren. Lassen Sie Ihrer Fantasie und Kreativität einfach freien Lauf!

Internationale Geburtstagswünsche

- Kul 'am wa antum bikhair! (Arabisch)
- Zhú ni shēngrì kuàilè! (Chinesisch)
- Til lykke med fødselsdagen! (Dänisch)
- Happy Birthday! (Englisch)
- Hyvää syntymäpäivää! (Finnisch)
- Joyeux anniversaire! (Französisch)
- Chronia polla! (Griechisch)
- Yom Huledet Sameakh! (Hebräisch)
- Buon Compleanno! (Italienisch)
- Otanjou-bi Omedetou Gozaimasu! (Japanisch)
- Wszystkiego Najlepszego! (Polnisch)
- Feliz aniversário! (Portugiesisch)
- Hartelijk gefeliciteerd (met je verjaardag)!/Gelukkige verjaardag! (Niederländisch)
- Gratulerer med dagen! (Norwegisch)
- Grattis på födelsedagen!/Har den äran på födelsedagen! (Schwedisch)
- Feliz cumpleaños! (Spanisch)
- Všechno Nejlepši! (Tschechisch)
- Tebrik ederim! (Türkisch)
- Boldog születésnapot! (Ungarisch)

Die Geburtstags-SMS

Auch wenn es sich bei der SMS um eine KURZnachricht handelt, bieten die verfügbaren 160 Zeichen Platz für etwas mehr als nur „Herzlichen Glückwunsch!" oder „Alles Gute zum Geburtstag!". **Nutzen Sie ihn – beispielsweise so:**

- Das wäre ja gelacht, hätte ich heute nicht an dich gedacht. Alles Liebe und Gute zum Geburtstag!

- 160 kleine Zeichen, die dich mit dieser Nachricht erreichen, wollen dich ganz herzlich grüßen und dir den Tag versüßen – herzlichen Glückwunsch zum Geburtstag!

- Heute haben 3 763 256 Menschen Geburtstag, aber ich habe nur an dich gedacht. Alles Gute!

- Da ich nicht singen kann, schicke ich dir einen SMS-Gruß: Haaaappy Birthday to youuuuuuuuu! *träller*

- Kann dir leider jetzt nichts schenken, bist so weit weg, kann nur an dich denken. Liebe Geburtstags-Grüße von ...

- Liebe, Glück, Zufriedenheit wünsche ich dir jederzeit. Herzlichen Glückwunsch zum Geburtstag!

- Dies ist eine SMS-Schnuppe – mach die Augen zu und wünsch' dir was ... Liebe Geburtstagsgrüße von ...

- Intelligent, witzig, charmant, sexy – und dann auch noch Geburtstag ... Herzlichen Glückwunsch!

- Denk daran: Du wirst nicht älter, sondern besser. Happy Birthday!

- Was meldet sich hier mit Geläut und Getute? Es ist dein Handy: zum Geburtstag alles Gute!

- Zu deinem xx. Geburtstag ein digitales „Hoch soll er/sie leben"!

Natürlich können Sie auch eines der kürzeren Zitate oder einen kurzen Vers von Seite 33ff. für Ihre Geburtstags-SMS verwenden.

Ein doppelter Grund zum Feiern –
runde Geburtstage

Runde Geburtstage läuten ein neues Lebensjahrzehnt ein und sind deshalb immer etwas Besonderes – und verdienen natürlich auch besondere Glückwünsche. Doch Vorsicht: Nicht selten stürzt genau diese Tatsache den Jubilar in eine tiefe Sinnkrise. Das fängt bei 20- und 30-Jährigen an und hört bei den 60-Jährigen noch lange nicht auf. Überlegen Sie deshalb genau, wie stark und in welcher Form Sie das Thema „Alter" bei Ihren Glückwünschen thematisieren wollen (siehe Seite 21).

Ansonsten bieten sich für den runden Geburtstag die gleichen Aufhänger wie für den „normalen" Geburtstagsglückwunsch.

Individuelle Glückwünsche zum Geburtstagsjubiläum

Liebe Hildegard,

die von dir so verehrte Modeschöpferin Coco Chanel hat einmal gesagt: „Eine Frau kann mit 19 entzückend, mit 29 hinreißend sein. Aber erst mit 39 ist sie absolut unwiderstehlich. Und älter als 39 wird keine Frau, die einmal unwiderstehlich war!" Das heißt, du kannst deinem 40. Geburtstag (und allen anderen) ganz gelassen entgegensehen und ihn einfach nur genießen!

Alles Liebe und Gute

Deine Gabi

(für einen Fußballfan)

Lieber Papa,

im Gegensatz zu einem Fußballspiel, dessen Spielzeit regulär nur 90 Minuten beträgt, dauert dein Spiel im Stadion des Lebens – in dem es viele Tore, aber auch einige böse Fouls gab – nun schon ganze 70 Jahre. Zu diesem Jubiläum gratulieren wir von Herzen und wünschen alles Gute für die Verlängerung und das Elfmeterschießen.

Deine Fankurve

Hobbys können ein prima Anknüpfungspunkt für Ihren Glückwunsch sein.

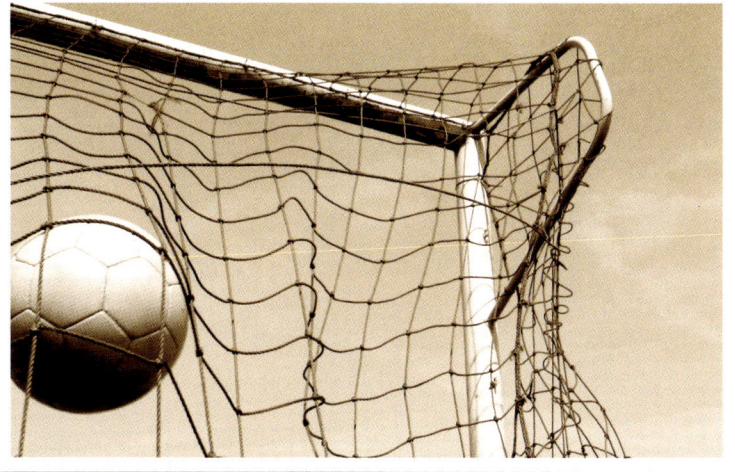

Liebe Lena,

von den knapp 11 000 Tagen deines Lebens bist du nun seit über 8000 meine beste Freundin und immer für mich da. Dafür möchte ich mich an diesem besonderen Tag ganz herzlich bei dir bedanken und hoffe auf weitere 8000 Tage (mindestens)!

Alles Liebe zur großen DREI NULL!

Deine Annika

(zusammen mit einem entsprechenden Cognac, Whisky usw.)

Lieber Klaus,

wir hoffen, der Cognac, der ebenso lange gereift ist wie du, hat sich ebenso gut entwickelt und macht dir ebenso viel Freude wie du uns. Lass ihn dir schmecken!

Die herzlichsten Glückwünsche zu deinem 50. Geburtstag!

Walter, Alfons und Roland

~~~

Liebe Oma,

laut deiner Geburtsurkunde beginnt heute bereits dein 8. Lebensjahrzehnt. Aber es ist nur eine Zahl, denn für uns bist du immer jung und vital geblieben. Und wir hoffen natürlich, dass das noch sehr lange so bleibt.

Wir lieben dich und wünschen dir zu diesem Jubeltag alles Liebe und Gute!

Deine Alexandra und Julia

Sehr geehrter Herr Schwarz,

vor fünf Jahren verabschiedeten Sie sich in den Ruhestand
mit den Worten: „Endlich habe ich genug Zeit für all die
Dinge, zu denen ich nie gekommen bin." Doch aus sicherer
Quelle weiß ich, dass Sie heute noch immer unter chroni-
schem Zeitmangel leiden. Und dieser ungebändigte Taten-
drang muss dann wohl die Erklärung dafür sein, dass Sie
heute, an Ihrem 70. Geburtstag, keinen Tag älter wirken als
damals. Bewahren Sie ihn sich.

Mit den besten Wünschen

Ulrich Meister
im Namen aller Kollegen

Liebe Frau Kümmerle,

zu Ihrem Geburtstag wünschen wir Ihnen alles erdenklich
Gute! Mögen in den kommenden 40 Jahren all Ihre Wünsche
und Hoffnungen stets in Erfüllung gehen. Es ist schön, eine
so liebenswerte und humorvolle Kollegin zu haben wie Sie.

Herzlichen Glückwunsch!

Alexandra Küstner, Jörg Demmel,
Karin Günther und Sascha Volkhard

Kleine Sammlung großer Worte – Zitate

70 bin ich nur in Fahrenheit.
In Celsius bin ich erst 21.

Robert A. Lutz, amerikanischer
Automobilmanager (geb. 1932)

Mit 20 regiert der Wille,
mit 30 der Verstand
und mit 40 das Urteilsvermögen.

Benjamin Franklin, amerikanischer Erfinder,
Schriftsteller und Staatsmann (1706 – 1790)

Jetzt in meinen Sechzigern entdecke
ich endlich die Quelle der Jugend:
einfach Spaß am Leben haben –
vor allem an den kleinen Dingen.

Sophia Loren, italienische Schauspielerin
(geb. 1934)

In der Küche? Im Bad? Auf dem
Schreibtisch? Beim Kamin? Mit
40 ist es schon eine tolle Leistung,
sich daran zu erinnern, wo der
Autoschlüssel zuletzt war.

Unbekannt

Viele Menschen werden deshalb
nicht 80, weil sie zu lange versuchen,
40 zu bleiben.

Salvador Dalí, spanischer Maler und Bildhauer
(1904 – 1989)

Mit 20 hat jeder das Gesicht, das Gott
ihm gegeben hat, mit 40 das Gesicht,
das ihm das Leben gegeben hat, und
mit 60 das Gesicht, das er verdient.

Albert Schweitzer, deutscher Arzt, Theologe und
Nobelpreisträger (1875 – 1965)

Jeder, der aufhört zu lernen, ist alt,
mag er 20 oder 80 Jahre zählen. Jeder,
der weiterlernt, ist jung, mag er 20
oder 80 Jahre zählen.

Henry Ford I., amerikanischer Unternehmer
(1863 – 1947)

Mit 30 ist man gerade alt genug, um
zu wissen, was man tut. Und noch
jung genug, um es trotzdem zu tun.

Brigitte Bardot, französische Schauspielerin
(geb. 1934)

Von 40 bis 50 ist die beste Lebenszeit.

Theodor Fontane, deutscher Schriftsteller
(1819 – 1898)

Mal heiter, mal besinnlich – Reime und Verse

Nicht lange will ich meine Wünsche
wählen,
bescheiden wünsch' ich zweierlei:
Noch fünfzig solcher Tage sollst du
zählen,
und allemal sei ich dabei!

*Eduard Mörike, deutscher Dichter und Erzähler
(1804 – 1875)*

Was immer man auch angestrebt,
wer (Zahl) wird, hat viel erlebt.
Mal ging es runter und mal rauf,
so ist nun mal der Lebenslauf.

Nimms einfach, mach so weiter,
nimms einfach und bleib heiter!
Wir wären wirklich alle froh,
bliebst du für uns noch lange so.

Mach weiter so, wie wir dich lieben,
denn du bist einfach jung geblieben.
Dein Herz hat seinen frohen Klang
behalten all die Jahre lang.

Das ist es, was die Freunde heut'
zum neuen Lebensjahr so freut:
Dass deines Herzen Heiterkeit
dich jung erhält noch lange Zeit!

Unbekannt

(Zahl) Jahre sind nun vergangen,
seit dein Leben angefangen.
Zu diesem schönen Wiegenfeste
wünschen wir dir das Allerbeste.

Volkstümlich

Der Mann bracht' es auf siebzig gar;
das heißt: Von seinem siebten Jahr
hat all sein Wirken von Kind bis jetzt
nur eine Null ihm zugesetzt.

*Franz Grillparzer, österreichischer Schriftsteller
(1791 – 1872)*

Heute morgen, ach du Schreck,
die 2 und auch die 9 ist weg.
Die 3 und die 0 sind gekommen
ganz schnell
und sind ab heute aktuell.
Und wenn man dann rechnet 2 + 9,
muss 3 + 0 doch weniger sein.
D'rum freu dich dieser neuen Zahl,
es bleibt dir keine andere Wahl.

Unbekannt

Jetzt bist du (Zahl), alter Knabe,
und der Lack verliert die erste Farbe.
Kein Grund zur Panik, denk daran:
Antike kommt jetzt prima an.
So lass die anderen ruhig reden,
wer hat, der hat, so ist es eben.

Unbekannt

Das große Glück, noch klein zu sein,
sieht mancher Mensch als Kind nicht ein
und möchte, dass er ungefähr
so 16 oder 17 wär.

Doch schon mit 18 denkt er – halt!
Wer über 20 ist, ist alt.
Kaum ist die 20 knapp geschafft,
erscheint die 30 greisenhaft.

Und dann die 40 – welche Wende –,
die 50 gilt beinah als Ende,
doch nach der 50 – peu à peu –
schraubt man das Ende in die Höh'!

Die 60 scheint noch ganz passabel
und erst die 70 miserabel.
Mit 70 aber hofft man still:
„Ich werde 80, so Gott will."

Und wer die 80 überlebt,
zielsicher auf die 90 strebt.
Dort angelangt, zählt man geschwind
die Leute, die noch älter sind.

Wilhelm Busch (zugeschrieben),
deutscher Dichter (1832 – 1908)

Oh Schreck, oh Schreck,
die 6 ist weg.
Doch sei nicht traurig, du wirst
schon seh'n,
mit 70 wirds erst richtig schön.
Dabei ist nur eines wichtig:
So wie du bist, so ist es richtig!

Unbekannt

Unaufhaltsam, still und leise
mehren sich die Jahreskreise.
Plötzlich macht im Gang der Zeit
eine runde Zahl sich breit.
Wenn du heute früh erwachst,
hast du die (Zahl) voll gemacht.
Ein jedes Jahr hat seinen Sinn,
so wie es kommt, so nimm es hin.
Für alles, was du tust, hab Dank!
Bleib stets gesund, werd niemals krank!

Volkstümlich

(Zahl) Jahre, ach du Schreck,
die Jugend und der Lack sind weg.
Knochen knacken, Muskeln drücken,
manchmal hast du's mit dem Rücken.
Hattest Höhen und auch Tiefen,
warst stets da, wenn wir dich riefen.
Denn das eine sollst du wissen:
Bleib uns treu, sonst sind wir aufge-
schmissen.
Wir wünschen dir von Herzen Glück,
du bist und bleibst das beste Stück.

Unbekannt

(Zahl) Jahre sind es wert,
dass man dich besonders ehrt.
Darum wollen wir dir heute sagen:
Es ist schön, dass wir dich haben!

Volkstümlich

Nie sollte man der Frauen Alter
nennen,
weil sie sich doch nicht gern dazu
bekennen,
wenn aber eine glüht voll Jugendfeuer
und Temperament hat ungeheuer,
den Geist noch frisch wie Morgentau,
so ist sie keine alte Frau,
und keiner glaubt's, wenn er's auch
wüßt',
dass sie heute achtzig Jahre ist.

Ludwig Schmid-Wildy, deutscher Volksschauspieler,
Regisseur und Autor (1896 – 1982)

Sonne und Regen, die wechseln
sich ab,
mal geht's im Schritt, mal geht's
im Trab!
Fröhlichkeit, Traurigkeit – beides
kommt vor,
eines ist nur wichtig: Trags mit
Humor.
Denn nur wer im Alter den
Humor behält,
erreicht viel mehr als Gut und Geld.
Du musst nur alles fröhlich seh'n,
dann ist es auch mit (Zahl) schön.

Unbekannt

Endlich erwachsen –
die Volljährigkeit

Wohl kaum ein Geburtstag wird so herbeigesehnt wie der 18., verheißt er doch die große Freiheit: Auto fahren, bis spat in die Nacht ausgehen, selbst Verträge abschließen, über den eigenen Wohnsitz bestimmen, wählen, ... und, und, und. Die Kehrseite der Medaille allerdings ist, dass man ab sofort selbst für sein Tun verantwortlich ist und gegebenenfalls dafür geradestehen muss. Eine Spur Nachdenklichkeit ist also bei aller Freude durchaus angemessen.

Individuelle Glückwünsche zum 18. Geburtstag

Liebe Johanna,

endlich ist er da, der Tag deiner ganz persönlichen „Unabhängigkeitserklärung". Genieße ihn in vollen Zügen!

Alles Liebe und Gute zur Volljährigkeit!
Dein Julius

Lieber „kleiner" Bruder,

ein kluger Mensch hat einmal gesagt: „Erwachsen sein heißt nicht, einfach die Floskel ‚Verantwortung übernehmen' herunterzuleiern, sondern den Versuch zu unternehmen, zu wissen, was man tut." Bei diesem Versuch wünsche ich dir viel Erfolg. Und lass es heute Abend auf der Party so richtig krachen!!!

Alles Gute!
Dein Alex

Lieber Marc,

ab heute darfst du ganz offiziell all das tun, was du sowieso
schon klammheimlich machst. Aber auch wenn du nun
erwachsen bist, ist eines ganz klar: Wir sind auch in Zukunft
immer für dich da!

Von Herzen alles Gute zum 18. Geburtstag wünschen dir

Mama und Papa

Liebe Kathi,

geschafft, endlich 18! Ein tolles Alter, in dem man unglaublich viel Schwung, Mut und Zuversicht hat. Nutze all das, um
deine Träume wahr zu machen – insbesondere in Bezug auf
das von dir angestrebte Medizinstudium. Ich wünsche dir
dabei alles Glück dieser Welt!

Dein Onkel Manfred

Lieber Thomas,

du darfst jetzt Auto fahren, ohne Erlaubnis heiraten und bis
spät in die Nacht ausgehen. Aber eines MUSST du auch
weiterhin: so bleiben wie du bist!

Herzlichen Glückwunsch und alles Gute zum 18.!

Deine Karin

Mal heiter, mal besinnlich – Reime und Verse

Vor 18 Jahren wurdest du gebor'n,
Trommeln wirbeln,
Fanfaren klingen,
100 000 Freunde singen.

Flugzeuge malen Herzen ins Blau,
Glocken verkündens im Morgengrau'n.
Autos auf sämtlichen Straßen tuten,
Schiedsrichter pfeifen Gedenkminuten.

Nachbarn beenden Zwist und Fehde,
die Kanzlerin fügts ein in die Rede.
Im Bundestag gehts von Mund zu
Mund,
im Taxi tuts der Fahrer kund.

Dampfer dröhnen durchs Nebelhorn:
Vor 18 Jahren wurdest du gebor'n.
Unbekannt

Gleich, welchen Weg du auch
beschreitest,
sei stets klug und vorbereitet.
Wenn mit Vernunft und Herz begleitet,
dir niemand diesen Weg bestreitet.
Und wenn du so bleibst, wie du bist,
sei unserer Liebe dir gewiss,
auch wenn der Weg mal steinig ist.
Unbekannt

Vor 18 Jahren kamst du auf die Welt
gefahren,
kamst geschwommen wie ein Hecht,
hattest Beinchen wie ein Specht,
warst so munter und so toll,
machtest deine Windeln voll.
Auch heute noch nach 18 Jahren
sind wir froh, dass wir dich haben.
Volkstümlich

Dies ist der Tag, es ist so weit!
Du darfst allein über dich verfügen,
von heute an dich in Selbstständigkeit
gerüstet zeigen zu den Lebensflügen.
Wir gratulieren! Und wir wünschen Glück
zu allem, was du dir auch vorgenommen.
Geh vorwärts! Doch sieh manchmal auch zurück
auf das Stück Weg, das du bereits erklommen.
Vergiss nicht jene, die sich jahrelang
um dein Wohl sorgten, um dein junges Leben.
Sei dankbar, schien dir manchmal auch ein Zwang,
wenn wir es bändigten, das freie Streben.
Wir grüßen dich und rufen laut: Glück auf!
Dein Wünschen möge in Erfüllung gehen.
Und über deinem ganzen Lebenslauf
soll recht viel Sonne und viel Freude stehen!

Unbekannt

Verliebt, verlobt, verheiratet

Auch das „Themenfeld" Ehe bietet zahlreiche fröhliche Anlässe zum Gratulieren – ob im Vorfeld anlässlich der Verlobung, an der Hochzeit selbst oder in den Jahren danach bei einem der diversen Jubiläen. Und gute Wünsche für den – noch vor dem Paar liegenden oder bereits zurückgelegten – gemeinsamen Lebensweg gehören da einfach dazu.

Ein folgenschweres Versprechen – die Verlobung

Ihre guten Wünsche sollten immer beiden Partnern gleichermaßen gelten – selbst wenn Sie einen von beiden besser kennen oder sogar lieber mögen (was Sie sich natürlich keinesfalls anmerken lassen). Auch ist die Glückwunschkarte ganz sicher nicht der richtige Ort, um anklingen zu lassen, dass Sie die Wahl Ihres Kindes, Enkels, Freundes usw. für einen Fehler halten. Können Sie sich absolut nicht damit arrangieren, gratulieren Sie besser gar nicht. Insofern ist auch das bekannte Zitat von Friedrich Schiller „Drum prüfe, wer sich ewig bindet, ob sich das Herz zum Herzen findet!" beziehungsweise die ebenso bekannte Abwandlung „Drum prüfe, wer sich ewig bindet, ob sich nicht was Bess'res findet!" nicht unproblematisch. Verwenden Sie diese nur, wenn Sie sicher sind, dass es diesbezüglich zu keinen Missverständnissen kommen kann. Vollkommen „unverfänglich" sind dagegen folgende Glückwünsche, die vor allem die Freude über die Verlobung zweier sich liebender Menschen thematisieren:

Die Verlobung ist wieder in – auch wenn sie in Deutschland rechtlich nicht bindend ist.

Individuelle Glückwünsche zur Verlobung

Liebe Petra, lieber Klaus,

wir beglückwünschen euch ganz herzlich zu diesem Schritt in eine gemeinsame Zukunft. Genießt eure Liebe jeden einzelnen Augenblick.

Alles Gute!

Ingrid und Jürgen

Liebe Tanja, lieber Michael,

bei dem Dichter Christian Reuter heißt es: „In der Liebe ist es wie beim Verbrechen – ohne den richtigen Komplizen wird es nichts." Und was die Liebe angeht, bin ich mir bei euch beiden sicher: Das wird der ganz große Coup.

Herzlichen Glückwunsch zur Verlobung!

Eure Andrea

Sehr geehrte Frau Meyer,

herzlichen Glückwunsch zur Verlobung. Wir haben uns sehr über Ihre Nachricht gefreut und wünschen Ihnen und Ihrem Zukünftigen von Herzen alles Gute für die gemeinsame Zukunft. Mögen sich alle Ihre Wünsche und Hoffnungen erfüllen!

Ihre Familie Schramm

Falls Ihnen absolut nichts einfällt, können Sie sich mit folgendem **„Minimalglückwunsch"** behelfen (auch bei Hochzeitsglückwünschen): Gratulieren Sie: (ganz) herzlich, von (ganzem) Herzen, ... und wünschen Sie: alles (erdenklich) Gute, von (ganzem) Herzen alles Gute, alles Liebe und Gute, das Allerbeste, viel Glück, immerwährende Liebe für den gemeinsamen Lebensweg/die gemeinsame Zukunft, eine glückliche (rosige, sorgenfreie, ...) Zukunft, dass die Liebe nie enden/ewig währen möge usw.

Liebe Marion, lieber Christian,

dass ihr beide bereits nach so kurzer Zeit heiraten wollt, war eine freudige Überraschung für uns. Doch die schönste Freude ist bekanntermaßen die, die uns unverhofft zuteil wird. Und so gratulieren wir ganz herzlich und wünschen alles Liebe und Gute für den gemeinsamen Lebensweg!

Anja und Klaus

Lieber Herr Wagner,

„Wo man am meisten fühlt, weiß man nicht viel zu sagen", so hat es die Dichterin Annette von Droste-Hülshoff einmal treffend beschrieben. Wie gut, dass in diesem Fall ein simples „Ja" ausreicht ...

Wir freuen uns riesig für Sie und wünschen Ihnen und Ihrer Verlobten alles erdenklich Gute!

Ihre Kollegen aus der Personalabteilung

Liebe Claudia, lieber Jürgen,

eine vertrauensvolle Partnerschaft, in der man gemeinsam
die Höhen und Tiefen des Lebens durchschreitet, sich miteinander freut, aber auch das Leid miteinander teilt, ist wohl
das größte Glück, das man im Leben haben kann. Haltet es
ganz fest!

Alles Liebe und Gute zur Verlobung!

Eure Anke

Liebes Verlobungspaar,

wie schön, dass ihr euch entschlossen habt, den Bund fürs
Leben miteinander einzugehen. Für den vor euch liegenden
gemeinsamen Weg wünschen wir euch, liebe Sibylle, lieber
Marc, viele schöne Entdeckungen, viel Freude und viel
gemeinsames Lachen.

Herzlichen Glückwunsch!

Tante Ingrid und Onkel Julius

Mal heiter, mal besinnlich – Reime und Verse

Verlobungszeit ist die schönste Zeit;
Liebe wächst und Gemeinsamkeit.
Wir wünschen, dass ihr stets findet,
was immer fester euch zusammen-
bindet.

*Johann Wolfgang von Goethe, deutscher Dichter
(1749 – 1832)*

Lasst die Verlobungsfahnen
im frischen Wind nun wehen!
Wie schön, zu zweit zu planen
und einen Weg zu gehen!

Unbekannt

O glücklich, wer ein Herz gefunden,
das nur in Liebe denkt und sinnt
und, mit der Liebe treu verbunden,
sein schön'res Leben erst beginnt.

Wo liebend sich zwei Herzen einen,
nur eins zu sein in Freud' und Leid,
da muss des Himmels Sonne scheinen
und heiter lächeln jede Zeit.

*August Heinrich Hoffmann von Fallersleben,
deutscher Dichter (1798 – 1874)*

Das Wort „Verlobung" hört man gern,
weil man gestehen muss:
Das ist für Damen und für Herrn
ein herzlicher Entschluss.
Stets sei euch sehr verliebt zumute.
Von Herzen Glück! Und alles Gute!

Volkstümlich

Dass nimmer trübe Ungemach,
dass fern euch bleibe Not und
Schmach,
dass ihr nie eine Träne weint,
dass stets in Liebe ihr vereint,
dass stets ihr aller Sorgen bar,
das wünsch' ich dem verlobten Paar!

*Theodor Storm, deutscher Schriftsteller
(1817 – 1888)*

Vergleichbar den Verlobungsringen
aus echtem, fugenlosem Gold,
so bleibe euch in allen Dingen
das Glück der Liebe hold!

Unbekannt

Wenn zwei Töne sind symphonisch,
klingt's zusammen hell und rein:
Zwei Naturen, die harmonisch,
wirken aufeinander ein.

Chinesisches Sprichwort

Ratsam ist und bleibt es immer
für ein junges Frauenzimmer,
einen Mann sich zu erwählen
und womöglich zu vermählen.
Erstens: will es so der Brauch.
Zweitens: will man's selber auch.
Drittens: man bedarf der Leitung
und der männlichen Begleitung;
weil bekanntlich manche Sachen,
welche große Freude machen,
Mädchen nicht allein verstehen;
Als da ist: ins Wirtshaus geh'n.

*Wilhelm Busch, deutscher Dichter
(1832–1908)*

Es passt uns nicht die alte Leier
in uns'ren jungen Liebesrausch,
wir denken und wir fühlen freier
und wollen's auch beim Ringetausch;
der Treue Pfand, zu dieser Stunde
empfangt's in perlend-gold'nem Wein
und lass den Ring auf Bechers Grunde
dir Sinnbild meines Lebens sein.
Lass übersprudeln mich und freue
der Kraft dich, die da schäumt und
gärt,
denn innen, wie dies Bild der Treue,
lebt meine Liebe unversehrt.

*Theodor Fontane, deutscher Schriftsteller
(1819–1898)*

Ich wünsch' euch –
einem mit dem ander'n –
ein fröhliches Beieinander,
getrosten Mutes Hand in Hand
hinein in ein glückliches Zukunftsland.
Was ihr erreicht, wo ihr auch schreitet,
was euch das Leben alles bereitet
an Freuden und Leid, an Glück und Pein:
Ihr sollt stets eines und einig sein!

Volkstümlich

Passende Zitate und Sprichwörter zu den
Stichworten *„Liebe"*, *„Glück"* sowie
„Mann und Frau" finden Sie ab Seite 68.

Wenn zwei sich trauen – die Hochzeit

Der große Tag ist endlich da: ein glückliches Brautpaar, fröhliche Gäste und zahlreiche Glückwünsche zum Start ins Eheleben. Letztere dürfen (und sollten) umso persönlicher und origineller ausfallen, je besser Sie das Paar kennen – natürlich ohne dass Sie dabei (allzu) sentimental oder gar indiskret werden. Das heißt im Umkehrschluss aber nicht, dass Ihr Glückwunsch verstaubt und steif wirken muss, wenn Sie das Paar nicht so gut kennen oder eine gewisse Distanz wahren wollen – zum Beispiel als Vorgesetzter.

Anknüpfungspunkte sind vor allem Gedanken zu den Themen Ehe und Liebe, das bisherige Leben des Paares, insbesondere das Kennenlernen und gemeinsame Interessen/Erlebnisse sowie seine Pläne für die Zukunft.

Individuelle Glückwünsche zur Hochzeit

Sehr geehrte Frau Fröhlich,
sehr geehrter Herr Fröhlich,

bei Albert Camus heißt es: „Einen Menschen zu lieben, heißt einzuwilligen, mit ihm alt zu werden." Und genau das wünsche ich Ihnen, liebes Brautpaar: ein langes, gemeinsames Leben in Liebe und voller wunderbarer Momente.

Ihr Markus Hagen

Liebe Karin, lieber Uwe,

wenn man euch beide so betrachtet, dann sieht und spürt man die Liebe, die ihr füreinander empfindet. Haltet dieses Glück fest, dann können weder der Alltag noch Hindernisse auf eurem gemeinsamen Weg euch etwas anhaben.

Herzlichen Glückwunsch zur Hochzeit!

Janina und Thomas

Liebes Brautpaar,

in Ungarn heißt es: „Im Traum und in der Liebe ist nichts unmöglich." Nehmt also euer Glück in die Hand und macht eure Träume gemeinsam wahr. Ich wünsche euch dabei alles erdenklich Liebe und Gute!

Euer Johannes

(zusammen mit einem Album mit Jugendfotos von Braut und Bräutigam)
Liebe Jungvermählte,

wir gratulieren von ganzem Herzen zu eurer Hochzeit und wünschen euch einen langen gemeinsamen Lebensweg voll Freude, Glück und Lachen – mit Letzterem könnt ihr beim Durchblättern des Albums gleich schon mal anfangen ...

Auf eure Liebe!

Nina und Alexander

(für ein begeistertes Tanzpaar)

Liebe Hanne, lieber Markus,

wir wünschen euch, dass ihr die Leidenschaft, die Freude und die Harmonie, die euch als Tanzpaar auszeichnen, auch in euerer Ehe bewahren könnt.

Möge eure Liebe ewig währen!

Die Mitglieder des Tanzsportvereins Musterhausen

~~~

(für gleichgeschlechtliche männliche Partner)

Lieber Bernhard, lieber Richard,

wir haben eine ganze Weile gerätselt, wie denn wohl der korrekte Plural von „Bräutigam" lautet. Das Spektrum reichte von „Bräutigii" bis „Bräutigamesen". Unser Favorit ist schlicht „Göttergatten" und wir wünschen euch, dass ihr genau das füreinander sein werdet.

Werdet glücklich!

Anja und Christian

~~~

(für eine „Sandkastenliebe")

Liebes Hochzeitspaar,

„Nichts ist beglückender, als den Menschen zu finden, den man den Rest seines Lebens ärgern kann." Schenkt man diesen Worten der englischen Krimiautorin Agatha Christie Glauben, kann eure Ehe eigentlich nicht schief gehen. Denn bei euch begann das mit dem gegenseitigen Necken ja schon im Sandkasten ...

Die herzlichsten Glückwünsche zur Hochzeit!

Eure Daniela

(für Tierfreunde)

Liebes Brautpaar,

wusstet ihr, dass auch Seepferdchen paarweise leben? Sie sind sich treu, besetzen gemeinsam ein Revier und bleiben ein Leben lang zusammen. Und jeden Morgen – bevor die beiden getrennt auf Nahrungssuche gehen – schwimmt das Weibchen zum Männchen und fordert es zum Tanz auf. Es greift mit dem Schwanz das Pflanzenteil, an dem sich das Männchen festhält, und gemeinsam drehen sie sich dann um die Pflanze herum.

Ich wünsche euch, dass euer gemeinsames Leben, genauso wie das der Seepferdchen, voller Liebe, Harmonie und Zärtlichkeit sein wird!

Euer Andreas

Liebe ist ...

(für gleichgeschlechtliche weibliche Partner)

Liebe Julia, liebe Susanne,

ihr habt voller Mut und Vertrauen und mit viel Liebe im Herzen Ja zueinander gesagt. Wir wünschen euch von Herzen, dass dieses Ja euch auch weiterhin Glück und Geborgenheit gibt.

Katja und Friedrich

Liebe Gabi, lieber Thomas,

möge euer gemeinsam Leben immer von der Kraft der Liebe getragen werden, denn durch die Liebe werden alle Dinge leichter.

Eine glückliche, sorgenfreie Zukunft wünschen euch in herzlicher Verbundenheit

Eure Nachbarn Inge und Klaus

(zusammen mit einem Geldgeschenk)

Rezept für die Ehe

2 Herzen, im Gleichklang
1 doppelte Portion Glück
1 Prise Leidenschaft
4 strahlende Augen
1 Strauß, gebunden aus Verständnis, Zufriedenheit, Vertrauen und Humor
1 Zuschuss für den „Nestbau“

Die allerbesten Wünsche zur Hochzeit senden euch

Anne und Christoph

Lieber Richard,

es ist immer wieder ein kleines Wunder, wenn sich zwei
Menschen finden und die Liebe gemeinsam entdecken.
Möge dieses Wunder für dich und deine Frau niemals enden.

Viel Glück und alles Gute!

Deine Kollegen

(für ein Paar aus verschiedenen Kulturkreisen, das um sein Glück kämpfen musste)
Liebe Tanja, lieber Mehmed,

zwei Liebende, zwei Kulturkreise und ein Happy End –
Gott sei Dank habt ihr euch von all den Vorbehalten und
Widerständen nicht davon abhalten lassen, Ja zueinander
zu sagen! Und so wünschen wir euch für eure gemeinsame
Zukunft alles Gute, viel Glück und auch weiterhin den
bedingungslosen Glauben an euer Ja zu eurer Liebe.

Herzlichen Glückwunsch!

Anja und Benjamin

Auch Hindernisse auf dem Weg ins Eheglück dürfen thematisiert werden.

Kleine Sammlung großer Worte – Zitate

Die Liebe ist der Endzweck der Weltgeschichte, das Amen des Universums.

*Novalis, deutscher Schriftsteller
(1772–1801)*

Das große Geheimnis jeder guten Ehe ist, jeden Unglücksfall als Zwischenfall und keinen Zwischenfall als Unglücksfall zu behandeln.

Harold Nicolson, englischer Autor, Diplomat und Politiker (1886–1968)

Wer Freude genießen will, muss sie teilen. Das Glück wurde als Zwilling geboren.

*Lord Byron, englischer Schriftsteller
(1788–1824)*

Wenn du liebst, dringst du ans Licht wie der Samen, der in der Erde verborgen war.

*Bettina von Arnim, deutsche Dichterin
(1785–1859)*

Die Ehe ist die interessanteste, schwerste und wichtigste Aufgabe im Leben.

Anne Morrow Lindbergh, amerikanische Schriftstellerin (1906–2001)

Es ist ausgemacht, dass Gott die Frauen nur erschaffen hat, um die Männer zu zähmen.

*Voltaire, französischer Schriftsteller und Philosoph
(1964–1778)*

Das Glück will gepflegt sein.

Luc de Clapiers, Marquis de Vauvenargues, französischer Schriftsteller und Philosoph (1715–1747)

Das Geheimnis einer guten Ehe ist Kommunikation.

*Jean Paul, deutscher Schriftsteller
(1763–1825)*

Jemanden lieben heißt, als einziger ein für die anderen unsichtbares Wunder zu sehen.

*François Mauriac, französischer Schriftsteller
(1885–1970)*

Frauen sind die Holzwolle in der Glaskiste des Lebens.

Kurt Tucholsky, deutscher Schriftsteller (1890–1935)

Eine Frau ist der beste Gefährte für das Leben.

Martin Luther, deutscher Theologe (1483–1546)

Dort, wo man liebt, wird es niemals Nacht.

Afrikanisches Sprichwort

Soweit die Ehe Himmel sein kann, ist sie es in einer glücklichen Ehe.

Marie von Ebner-Eschenbach, österreichische Erzählerin (1830–1916)

Die meisten Menschen machen das Glück zur Bedingung. Aber das Glück findet sich nur ein, wenn man keine Bedingungen stellt.

Artur Rubinstein, polnischer Pianist (1887–1982)

Eine gute Ehe beruht auf dem Talent zur Freundschaft.

Friedrich Wilhelm Nietzsche, deutscher Philosoph (1844–1900)

Das höchste Glück im Leben besteht in der Überzeugung, dass wir geliebt werden.

Victor Hugo, französischer Schriftsteller (1802–1885)

Liebe ist ein Glas, das zerbricht, wenn man es zu unsicher oder zu fest hält.

Russisches Sprichwort

Freundin ist ein süßes Wort, aber Frau – das ehret immer fort.

Walther von der Vogelweide, deutscher Minnesänger (um 1170–1230)

Nur durch die Liebe und den Tod berührt der Mensch das Unendliche.

Alexandre Dumas, französischer Schriftsteller (1824–1895)

Die Liebe ist die Quelle aller Gewissheit, aller Wahrheit und aller Realität.

Johann Gottlieb Fichte, deutscher Erzieher und Philosoph (1762–1814)

Die Liebe ist ein Stoff, den die Natur gewebt und die Fantasie bestickt hat.

Voltaire, französischer Schriftsteller und Philosoph (1964–1778)

Die große Kunst in der Ehe besteht darin, Recht zu behalten, ohne den anderen ins Unrecht zu setzen.

Käte Haack, deutsche Schauspielerin (1897–1986)

Der Mann ohne Frau ist wie ein Baum ohne Laub und Zweige.

Italienisches Sprichwort

Was ist Liebe? Eine Hütte nicht gegen einen Palast eintauschen wollen, Untugenden und Fehler lächelnd übersehen, Hingabe ohne geringstes Zögern.

Chinesisches Sprichwort

Liebe ist die Fähigkeit und Bereitschaft, den Menschen, an denen uns gelegen ist, die Freiheit zu lassen, zu sein, was sie sein wollen, gleichgültig, ob wir uns damit identifizieren können oder nicht.

George Bernard Shaw, irischer Dramatiker (1856–1950)

Sowohl Mann wie Frau sollten ständig daran denken, dass das schönste Geschenk, das einer dem anderen machen kann, das eigene Glück ist.

Alain, französischer Schriftsteller und Philosoph (1868–1951)

Aus vier Augen sieht sich die Welt viel heiterer an als aus zweien.

Deutsches Sprichwort

Zu lieben ist Segen,
geliebt zu werden Glück.

Leon Nikolajewitsch Tolstoi, russischer Dichter (1828–1910)

Ehe ist gegenseitige Freiheitsberaubung in beiderseitigem Einvernehmen.

Oscar Wilde, irischer Dramatiker (1854–1900)

In der Liebe sprechen Hände und Augen meist lauter als der Mund.

Ricarda Huch, deutsche Erzählerin (1864–1947)

Es genügt in der Liebe durch liebenswürdige Eigenschaften, durch Reize zu gefallen. Aber in einer Ehe muss man einander lieben, um glücklich zu sein, oder wenigstens zueinander passende Fehler haben.

Nicholas Chamfort, französischer Dramatiker (1741–1790)

Es gibt keine fünf oder sechs Weltwunder, sondern nur eines: die Liebe.

Jacques Prévert, französischer Lyriker (1900–1977)

Eine geliebte Frau in den Armen halten: Das ist das Äußerste an menschlichem Glück.

Guy de Maupassant, französischer Schriftsteller (1850–1893)

Die Ehe ist nie ein Letztes, sondern Gelegenheit zum Reifwerden.

Johann Wolfgang von Goethe, deutscher Dichter (1749–1832)

Der richtige Mann? Das ist ein Gefühl, als ob man von zwei D-Zügen gleichzeitig überrollt wird.

Jette Joop, deutsche Designerin
(geb. 1968)

Eine kluge Frau wird manches übersehen, aber alles überschauen.

Lil Dagover, deutsche Schauspielerin
(1887 – 1980)

Glück ist, Menschen zu finden, die mit uns fühlen und empfinden.

Ruth Leuwerik, deutsche Schauspielerin
(geb. 1924)

In der Ehe stammen Drehbuch und Regie vom Mann, Dialog und Ton von der Frau.

Frederico Fellini, italienischer Filmemacher und
Regisseur (1920 – 1993)

Liebe macht vollkommen.

Michelangelo Buonarotti, italienischer Künstler
(1475–1564)

Seine Freude in der Freude des anderen finden können, das ist das Geheimnis des Glücks.

Georges Bernanos, französischer Dichter
(1888 – 1948)

Vergesst nicht, dass die beste Beziehung die ist, wo eure Liebe füreinander euer Bedürfnis, einander zu brauchen, übersteigt.

Dalai Lama, buddhistischer Mönch und Oberhaupt
der Tibeter (geb. 1935)

Die Liebe ist die Schöpferin und Meisterin aller Dinge und Gottes älteste Gesellin.

Ernst Moritz Arndt, deutscher Schriftsteller
(1769 – 1860)

Jeder Mensch ist eine Insel, die sich nach Vereinigung mit dem Festland sehnt.

Arthur Koestler, englisch-ungarischer Schriftsteller
(1905 – 1983)

Alle Probleme der Ehe rühren daher, dass die Frau einen Zugvogel an das Haus gewöhnen soll.

Liselotte Pulver, schweizerische Schauspielerin
(geb. 1929)

Einen Menschen zu lieben, heißt, ihn so zu sehen, wie Gott ihn gemeint hat.

Fjodor Michailowitsch Dostojewski, russischer
Schriftsteller (1821 – 1881)

Von Liebe träumen, heißt, von allem träumen, sie ist das Unendliche im Glück, das Mysterium in der Lust.

Gustave Flaubert, französischer Schriftsteller
(1821 – 1880)

Mal heiter, mal besinnlich – Reime und Verse

O wie lieblich, o wie schicklich,
sozusagen herzerquicklich
ist es doch für eine Gegend,
wenn zwei Leute, die vermögend,
außerdem mit sich zufrieden,
aber von Geschlecht verschieden,
wenn nun diese, sag ich, ihre
dazu nötigen Papiere
sowie die Haushaltssachen
endlich mal in Ordnung machen
und in Ehren und beizeiten
hin zum Standesamte schreiten,
wie es denen, welche lieben,
vom Gesetze vorgeschrieben,
dann ruft jeder freudiglich:
Gott sei Dank, sie haben sich!

Kurz, Verstand sowie Empfindung
dringt auf eh'liche Verbindung.
Dann wird's aber auch gemütlich.
Täglich, stündlich und minütlich
darf man nun vereint zu zween
Arm in Arm spazieren gehen!
Ja, was irgend schön und lieblich,
segensreich und landesüblich
und ein gutes Herz ergetzt,
prüft, erfährt und hat man jetzt.

Wilhelm Busch, deutscher Dichter
(1832–1908)

Dass zwei sich richtig lieben,
gibt erst der Welt den Sinn,
macht sie erst rund und richtig
bis an die Sterne hin.

Matthias Claudius, deutscher Dichter und
Journalist (1740–1815)

Magst du zweifeln,
dass die Sterne glühen,
magst du zweifeln,
dass die Sonne sich bewegt,
magst die Wahrheit du
für Lüge halten,
zweifle aber niemals an der Liebe!

William Shakespeare, englischer Schauspieler
und Dramatiker (1564–1616)

Ich bin mir meiner Seele
in deiner nur bewusst,
mein Herz kann nimmer ruhen
als nur an deiner Brust!
Mein Herz kann nimmer schlagen,
als nur für dich allein.
Ich bin so ganz dein Eigen,
so ganz auf immer dein.

Theodor Storm, deutscher Schriftsteller
(1817–1888)

Ein Eh'stand ist alsdann beglückt,
wenn eins sich in das and're schickt,
wenn eins das and're liebt und scheut,
es nicht befiehlt, sich nicht gebeut,
und beide so behutsam sein,
als wollten's erst einander frei'n.

Christian Fürchtegott Gellert, deutscher Dichter
und Philosoph (1715 – 1769)

Es ist der Liebe heil'ger Götterstahl,
welcher die Seele schlägt und zündet,
wenn sich Verwandtes zu Verwand-
tem findet.
Da nützt kein Widerstand und
keine Wahl,
es löst der Mensch nicht, was der
Himmel bindet.

Friedrich Schiller, deutscher Dichter
(1759 – 1805)

Du hattest kein Glück
und ich hatte keins.
Wir nahmen einander,
nun haben wir eins.
Wo haben wir es denn hergenommen?
Es ist vom Himmel auf uns gekommen.

Friedrich Rückert, deutscher Dichter
(1788 – 1866)

Was auch immer kommen mag:
Schön wird jeder Ehe-Tag,
wenn mit liebendem Vertrauen
beide aufeinander schauen.

Ich wünsche euch zum Hochzeitstage
ein langes Leben ohne Plage.
Der liebe Gott schenke euch Glück
und lenke gnädig euer Geschick.

Volkstümlich

Schön ist's, wenn zwei Sterne
nah sich steh'n am Firmament,
schön, wenn zweier Rosen Röte
ineinander brennt.
Doch in Wahrheit: Immer ist's
am schönsten anzuseh'n,
wie zwei sich so lieben,
selig beieinander steh'n.

Justinus Kerner, deutscher Arzt und Dichter
(1876 – 1862)

Das ist die rechte Ehe,
wo zweie sich geeint,
durch alles Glück und Wehe
zu pilgern treu vereint;
der eine Stab des ander'n
und liebe Last zugleich,
gemeinsam Rast und Wandern
und Ziel das Himmelreich.

Emanuel Geibel, deutscher Lyriker
(1815 – 1884)

Zeitlose Liebe –
die Ehejubiläen

„Bis dass der Tod euch scheidet ...“ Dieser Satz hat in Zeiten, in denen fast jede 2. Ehe scheitert, schon längst keine Gültigkeit mehr. Insofern ist ein Ehejubiläum in der Tat ein Grund zu feiern – und zu gratulieren. Im Vordergrund steht dabei wie bei der Heirat natürlich die Liebe.

Die wichtigsten „Ehe-Stationen“ sind:

- 1 Jahr: Papierhochzeit
- 5 Jahre: Hölzerne Hochzeit
- 7 Jahre: Kupferne Hochzeit
- 10 Jahre: Rosenhochzeit
- 13 Jahre: Veilchenhochzeit
- 15 Jahre: Gläserne Hochzeit
- 20 Jahre: Porzellanhochzeit
- 25 Jahre: Silberhochzeit
- 30 Jahre: Perlenhochzeit
- 40 Jahre: Rubinhochzeit
- 50 Jahre: Goldene Hochzeit
- 60 Jahre: Diamantene Hochzeit
- 65 Jahre: Eiserne Hochzeit
- 70 Jahre: Gnadenhochzeit
- 75 Jahre: Kronjuwelenhochzeit

Anmerkung: Die Bezeichnungen können – gerade in den ersten zehn Ehejahren – von Region zu Region variieren. So wird die Papierhochzeit mancherorts auch Baumwollhochzeit, die Kupferne Hochzeit auch Messinghochzeit und die Gläserne Hochzeit auch Kristallhochzeit genannt.

Individuelle Glückwünsche zum Ehejubiläum

Liebe Mama, lieber Papa,

eure Hochzeit liegt nun schon stolze 25 Jahre zurück und
doch genügt ein Blick, um zu sehen, dass ihr immer noch
genauso verliebt seid wie damals. Wie habt ihr es bloß geschafft, eure Liebe so jung zu halten? Doch egal, was das
Geheimnis auch ist, ich hoffe, es funktioniert (mindestens!)
noch weitere 25 Jahre.

Von Herzen alles Gute zu eurer Silberhochzeit!

Eure Anna

Sehr geehrte Frau Schubert,
sehr geehrter Herr Schubert,

ein halbes Jahrhundert gehen Sie nun schon Seite an Seite
durchs Leben und haben in dieser Zeit sowohl Freud als
auch Leid miteinander geteilt – und das ist in der heutigen
Zeit fast schon eine Seltenheit. Dazu gratulieren wir ganz
herzlich und wünschen Ihnen noch viele gesunde und glückliche Jahre!

Anna und Siegfried Kleber

Liebes Silberpaar,

ein japanisches Sprichwort sagt: „Die Liebe gleicht einem
Ring, und der Ring hat kein Ende." Möge auch eure Liebe,
die nun schon 25 Jahre dauert, nie zu Ende gehen.

Herzlichen Glückwunsch und alles Gute zur Silberhochzeit!

Inge und Heinrich

Liebe Kerstin, lieber Johannes,

für euch soll's nicht nur heute, sondern auch in den kommenden 10 Jahren rote Rosen regnen. Bleibt so ein tolles Paar, wie ihr seid, und habt auch weiterhin stets ein offenes Ohr und „Fairständnis" füreinander.

Alles Liebe zur Rosenhochzeit wünschen euch

Inga und Alex

～～

Sehr geehrter Herr Friedrich,

zu Ihrem Ehejubiläum gratuliere ich Ihnen und Ihrer Frau recht herzlich und wünsche Ihnen auch für die nächsten 25 gemeinsamen Jahre – bis die „goldenen Zeiten" kommen – viel Glück, Freude und harmonische Zweisamkeit.

Mit herzlichen Glückwünschen zur Silberhochzeit
grüßt Sie im Namen der ganzen Abteilung

Robert Küpper

～～

Liebe Jutta, lieber Heinrich,

kaum zu glauben, dass ihr schon 50 Jahre verheiratet seid! Wir sehen euch noch ganz genau vor uns, wie ihr an diesem komplett verregneten Mai-Tag aus dem schicken Hochzeitsauto steigt. Doch im Nachhinein müssen wir dem Wettergott wohl dankbar sein, denn ganz offensichtlich hat der Volksmund Recht behalten. „Regen zur Hochzeit – Sonne in der Ehe." Wir hoffen und wünschen euch, dass noch viele sonnige Jahre folgen.

Alles Liebe und Gute zur Goldenen Hochzeit!

Antje und Günther

Liebe Nina, lieber Stephan,

15 Jahre Ehe, das sind 5475 Tage Glück, 131 400 Stunden
Vertrauen und 7 884 000 Momente der Liebe. Mögen noch
viele weitere folgen!

Alles Gute und ganz herzlichen Glückwunsch
zur Gläsernen Hochzeit!

Euer Klaus

Liebes Jubelpaar,

ihr seid der beste Beweis für den Satz von Marie von Ebner-
Eschenbach, die gesagt hat: „Echte Liebesgeschichten gehen nie zu Ende!" Bewahrt euch diese Liebe auch weiterhin,
hegt und pflegt sie, damit sie euch noch viele Jahre des
Glücks beschert.

Von Herzen alles Gute zur Goldenen Hochzeit!

Eva und Joachim

Wenn eine Ehe so viele Jahre überdauert, ist das wahrlich ein Grund zu feiern.

Kleine Sammlung großer Worte – Zitate

Die Liebe erscheint als das schnellste, ist jedoch das langsamste aller Gewächse. Weder Mann noch Frau wissen, was vollkommene Liebe ist, ehe sie nicht ein Vierteljahrhundert verheiratet waren.

Mark Twain, amerikanischer Schriftsteller (1835–1910)

Gibt es schließlich eine bessere Form, mit dem Leben fertig zu werden, als mit Liebe und Humor?

Charles Dickens, englischer Schriftsteller (1812–1870)

Ehen und Wein haben eines gemeinsam: Die wahre Güte zeigt sich erst nach Jahren.

William Somerset Maugham, englischer Schriftsteller, Arzt und Geheimagent (1874–1965)

Das wahre Eheglück schlägt in der Regel erst dann aus, wenn die ersten Rosen verblüht sind.

Adolph Kolping, deutscher Priester und Begründer des Kolpingwerkes (1813–1865)

Jeder, der heiratet, ist wie der Doge, der sich mit dem Adriatischen Meer vermählt. Er weiß nicht, was drin ist, was er heiratet: Schätze, Perlen, Ungetüme, unbekannte Stürme.

Heinrich Heine, deutscher Dichter (1797–1856)

Mit bloßen Reizen, leiblichen oder geistigen, in der Ehe zu fesseln hoffen, ohne das Herz und ohne die Vernunft, welche allein anknüpfen und festhalten, heißt, eine Blumenkette oder einen Blumenkranz aus bloßen Blumen ohne ihre Stängel machen zu wollen.

Jean Paul, deutscher Schriftsteller (1763–1825)

Lasst uns dankbar sein gegenüber Menschen, die uns glücklich machen. Sie sind die liebenswerten Gärtner, die unsere Seele zum Blühen bringen.

Marcel Proust, französischer Schriftsteller (1871–1922)

Im Grunde sind es immer die Verbindungen mit Menschen, die dem Leben seinen Wert geben.

Wilhelm von Humboldt, deutscher Naturforscher (1769–1859)

Hinter einer langen Ehe steht immer eine sehr kluge Frau.

Ephraim Kishon, israelischer Satiriker (1924–2005)

Der Herbst ist ein zweiter Frühling, wo jedes Blatt zur Blüte wird.

Albert Camus, französischer Schriftsteller und Philosoph (1913–1960)

Eben weil Treue die schönste
Eigenschaft eines liebenden Herzens,
ein echtes Wunder, ist, kann sie nie
zur Pflicht gemacht werden, und
eben weil sie nicht Pflicht ist, ist sie da,
wo sie in ihrer Herrlichkeit erscheint,
so verehrungswürdig.

*Ernst von Feuchtersleben, österreichischer
Lyriker und Philosoph (1806–1849)*

Es ist das Geheimnis einer guten Ehe,
dass einer Serienaufführung immer wieder Premierenstimmung gegeben wird.

*Max Ophüls (eigentlich Max Oppenheimer),
deutsch-französischer Regisseur (1909–1969)*

Die Liebe ist eine große Lehrerin,
aber man muss es von sich aus
verstehen, um sie zu ringen. Das
aber ist schwer und mühsam,
denn sie ist nur teuer zu erkaufen,
mit vielen Mühen und erst nach
langer Zeit.

*Fjodor Michailowitsch Dostojewski,
russischer Schriftsteller (1821–1881)*

Das ist das Eigentümliche an der Liebe,
dass sie niemals gleich bleiben kann;
sie muss unaufhörlich wachsen, wenn
sie nicht abnehmen soll.

*André Gide, französischer Schriftsteller
(1869–1951)*

Alles bezwingt die Liebe.

*Vergil, römischer Dichter
(70–19 v. Chr.)*

Die einzige Möglichkeit,
eine Frau zu verstehen, ist,
sie zu lieben. Aber dann ist
es auch nicht mehr nötig,
sie zu verstehen.

*Curt Goetz, deutsch-schweizerischer Schrift-
steller und Schauspieler (1888–1960)*

Die Liebe, wenn sie neu, braust
wie ein junger Wein. Je mehr sie
alt und klar, je stiller wird sie sein.

*Angelus Silesius, deutscher Lyriker und Theologe
(1624–1677)*

Es ist mit der Liebe wie mit den
Pflanzen: Wer Liebe ernten will,
muss Liebe säen.

*Jeremias Gotthelf (eigentlich Albert Bitzius),
schweizerischer Schriftsteller und Pfarrer
(1797–1854)*

Ohne Gefährten ist kein Glück erfreulich.

*Seneca, römischer Philosoph und Dramatiker
(um 1–65 n. Chr.)*

Richtig verheiratet ist der Mann erst
dann, wenn er jedes Wort versteht,
das seine Frau nicht gesagt hat.

*Alfred Hitchcock, englischer Produzent und
Regisseur (1899–1980)*

Ein heiteres Ehepaar ist das Beste,
was sich in der Liebe erreichen lässt.

*Thomas Niederreuther, deutscher Maler und
Schriftsteller (1909–1990)*

Mal heiter, mal besinnlich – Reime und Verse

Wie im Flug verrann die Zeit,
nun ist es wieder mal so weit:
Wir gratulieren euch von Herzen
und zünden an die bunten Kerzen,
wünschen euch mit vielen Rosen
ein erneutes wildes Liebestosen!
Und wenn einmal die Dornen stören,
so lasst euch nicht betören.
Denn fürwahr: Ihr seid ein tolles
Paar
– bleibt schön fröhlich also Jahr
um Jahr.

Volkstümlich

Oft schon hat in stillem Kreise
hier die Freude euch geeint;
doch in festlich-froher Weise
heut' die traute Schar erscheint.

Fünfundzwanzig Jahre flossen
reich gesegnet euch dahin;
Kinder diesem Bund entsprossen –
euch zur Freude sie erblüh'n.

Dankend schaut ihr heut' zurücke
auf der Jahre schöne Zahl,
richtet nochmals frohe Blicke
auf des Herzens freie Wahl.

Doch des Tages Feier lenket
auch den Blick aufs Künft'ge hin:
Sei euch reichlich noch geschenket
Frohsinn, Freude, Liebessinn!

Aus dem 19. Jahrhundert

Golden, silbern, eisern, ehern
nennt die Alter man der Welt,
und zum Mindern von dem Höhern
schreitet fort sie, wird erzählt.

Doch der Mensch in unser'n Tagen
sieht die Alter sich verkehrt:
Jugend, die schon Sorgen plagen,
zeigt nur eisern ihren Wert.

Erzgewappnet geht das Leben,
selbst die Liebe wird zum Streit
und dem stets erneuten Streben
liegt der Ruhe Glück so weit.

Ich habe dich geliebt und liebe
dich noch!
Und fiele die Welt zusammen,
aus ihren Trümmern stiegen doch
hervor meiner Liebe Flammen.

*Heinrich Heine, deutscher Dichter
(1797–1856)*

Dass der Himmel euch bewahre
weiterhin vor Not und Sorgen,
so wie gestern, so auch morgen,
übermorgen, immerdar,
wünsche ich dem Jubelpaar.

Volkstümlich

Ich bin klein, mein Wunsch ist klein:
Das Silberpaar soll glücklich sein.
Was wir heut' mit Silber kränzen,
möge einst im Golde glänzen.

Volkstümlich

Das weiße Gold, auch Porzellan
genannt,
steht für 20 Jahre Hand in Hand.
So viel Zeit ist schon vergangen,
seit eure Ehe angefangen.
Viel passiert in all den Jahren
und dieses gilt es zu bewahren.
Baut darauf weiter euer Glück
und schaut auch gern schon
mal zurück.
Und seht ihr im Gesicht die
ersten Falten,
auch diese werdet ihr behalten.
Doch ist Porzellan erst dann
nicht wirklich schön,
wenn es viele Jahre schon hat
gesehen?
So hegt nun keinen Verdruss,
wenn mit der Liebe vielleicht
ist Schluss.
Gebt der Liebe Glut ein and'res Feuer
und achtet euch stets wert und teuer.

Volkstümlich

In fünfzig Ehejahren
lässt sich vielerlei erfahren:
Liebe, Freud', Schmerz und Leid,
mal allein und mal zu zweit.
Erlaubt sei mir an diesem Tage
persönlich eine einz'ge Frage:
Was zeichnet diese Ehe aus?
Es ist die Harmonie im Haus.
Nun sitzt ihr da als gold'nes Paar
und freut euch mit uns allen,
wir bringen beste Wünsche dar,
ein Hoch soll jetzt erschallen!

Unbekannt

Erst nach durchgekämpften Jahren
lacht das Schicksal wieder hold
und mit Silber in den Haaren
wird die Zeit, die Ehe – Gold.

*Franz Grillparzer, österreichischer Schriftsteller
(1791–1872)*

Wenn sanft du mir im Arme schliefst,
ich deinen Atem hören konnte,
im Traum du meinen Namen riefst,
um deinen Mund ein Lächeln sonnte
– Glückes genug.

Und wenn nach heißem, erstem Tag
du mir verscheuchtest schwere Sorgen,
wenn ich an deinem Herzen lag
und nicht mehr dachte an ein Morgen
– Glückes genug.

*Detlev von Liliencron, deutscher Lyriker
(1844–1909)*

Fünfzehn Jahre sind vergangen,
seit eure Ehe angefangen.
Wohl mehr als 5000 Tage,
eine lange Zeit, ohne Frage.
Viel ist geschehen,
und viel habt ihr erreicht.
Durchs Glas besehen:
Eure Ehe ist geeicht.
Sie hat Bestand und soll noch lange
währen,
kein Unglück soll euch je beschweren.
Geht aufrecht weiter Arm in Arm
und jeder bleibe des anderen Schwarm!
Genießt das Haus und euer Glück,
denn keine Zeit kommt je zurück!

Volkstümlich

Familienfeste

Wenn aus Zweisamkeit Dreisamkeit (oder mehr) wird, ist das nur der Anfang einer ganzen Reihe von Festen, zu denen nicht nur die Familie gratuliert, sondern auch jene, die der Familie in freundschaftlicher oder sonstiger Weise verbunden sind. Sie alle markieren einen bedeutsamen Meilenstein auf dem Weg zum Erwachsenwerden und bieten damit einen fröhlich-feierlichen Anlass für gute Wünsche – die sich in den ersten Jahren jedoch nicht an die eigentliche „Hauptperson", sondern an die stolzen Eltern richten

Herzlich Willkommen im Leben – die Geburt

Die Ankunft eines neuen Erdenbürgers beziehungsweise einer neuen Erdenbürgerin ist wohl einer der schönsten Anlässe, zu denen man gratulieren kann. Verleihen Sie also mit Ihrem Glückwunsch einfach Ihrer Freude über dieses „freudige Ereignis" Ausdruck, eventuell „garniert" mit eigenen Erfahrungen, wenn Sie selbst bereits Kinder haben. Die Tatsache, dass so ein kleiner Wonneproppen das bisherige Leben seiner Eltern komplett durcheinanderwirbelt und für immer verändert, kann hier – je nach Bekanntschaftsgrad durchaus auch humorig – ebenfalls Erwähnung finden. Auch der Geburtsverlauf kann ein Anknüpfungspunkt für Ihren Glückwunsch sein, sofern dieser schnell und komplikationslos war.

Doch Vorsicht, es lauern auch Fettnäpfchen: Gratulieren Sie nicht überschwänglich zum Wunschkind, wenn das nicht so ganz der Wahrheit entspricht. Genauso unpassend ist, zu erwähnen, dass das Elternglück relativ lange auf sich hat warten

Kommt die ganze Familie zusammen, um zu feiern,
dürfen Glückwünsche nicht fehlen.

lassen, wenn sich die Betreffenden viele Jahre vergeblich ein Kind gewünscht haben – das weckt womöglich unschöne Erinnerungen. Sexuelle Anspielungen sollten an dieser Stelle generell unterbleiben, egal wie eng das Verhältnis zu den frischgebackenen Eltern ist.

Individuelle Glückwünsche zur Geburt

Lieber Herr Peters, liebe Frau Peters,

der bekannte Soziologe, Philosoph und Autor Paul Watzlawick meinte einmal: „In der Wahl seiner Eltern kann man nicht vorsichtig genug sein." Und wie mir scheint, hat sich Ihr kleiner Christoph diese Mahnung zu Herzen genommen und sich zwei wahre Prachtexemplare ausgesucht.

Herzlichen Glückwunsch!

Arne Steffens

Liebe Paula, lieber Friedrich,

am Beginn stehen schlaflose Nächte, dann kommen Prinzessin Lillifee, Barbie, Geigenunterricht und schließlich der erste Freund. Eure Sarah wird euch in den kommenden Jahren zwar viel Kraft kosten, aber schon ein kleines Lächeln von ihr wird sie euch doppelt und dreifach zurückgeben. Genießt trotzdem jeden einzelnen Augenblick mit eurem kleinen Sonnenschein, denn er ist unwiederbringlich.

Mit den besten Glückwünschen zur Geburt

Susanne und Martin

Liebe Johanna,

wie wir gehört haben, war das „Kick-off-Meeting" für das Projekt Mutterschaft vor wenigen Tagen ein voller Erfolg – den man sogar mit Zahlen belegen kann: 3140 Gramm verteilt auf 51 Zentimeter. Und so, wie wir dich kennen, wirst du dieses Projekt ebenfalls zu einem guten Abschluss bringen, auch wenn es dieses Mal etwas länger dauern dürfte ...

Viel Freude dabei und alles erdenklich Gute für die Zukunft als Familie wünschen

Deine Kollegen

Liebe Jana, lieber Rudolf,

so eilig, wie Jan es gehabt hat, tippe ich auf Rennfahrer, Feuerwehrmann, Polizist, Düsenjetpilot oder Spitzensportler. Aber wofür auch immer er sich entscheiden mag, ich wünsche ihm und euch alles Liebe und Gute für die Zukunft!

Eure Neu-Tante Sabine

Sehr geehrter Herr Rampp,

ein kluger Mensch hat einmal gesagt: „Kinder sind ein Vor-
wand für Väter, sich eine elektrische Eisenbahn zu kaufen."
In diesem Sinne wünsche ich Ihnen, aber natürlich auch
Ihrer Frau, viel Spaß am Familienleben sowie alles erdenklich
Gute für die Zukunft!

Herzlichen Glückwunsch!

Ihr Geschäftspartner Jürgen Hinrich

~~~~~

Liebe Lea, lieber Hannes,

die Zeit des bangen Wartens ist nun endlich vorbei und wir
gratulieren von Herzen zur Geburt eures heiß ersehnten Soh-
nes Luis. Ein Kind ist vermutlich die größte, gleichzeitig aber
auch die schönste Herausforderung, der man sich im Leben
stellen kann. Und wir sind sicher, dass ihr beide sie mit viel
Liebe und Geduld ganz hervorragend meistern werdet.

Alles Liebe für euch und euren kleinen Schatz!

Angelika und Friedrich

Willkommen im Leben – schön, dass du endlich da bist!

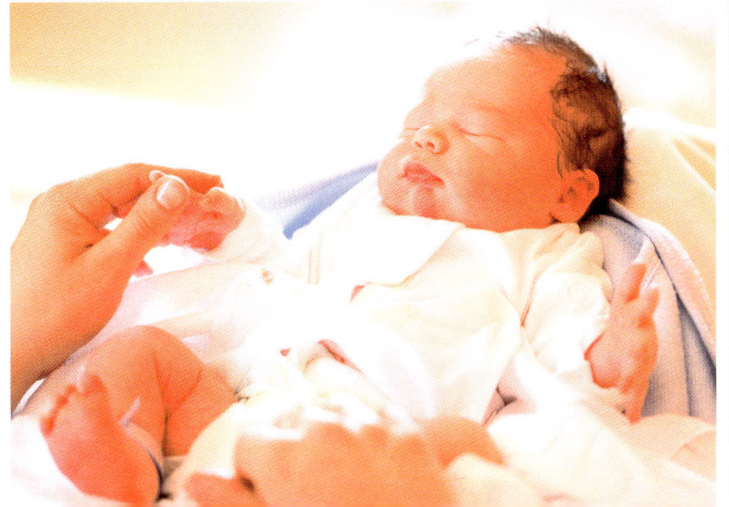

Kleine Sammlung großer Worte – Zitate

Wenn du ein Kind siehst, hast du Gott auf frischer Tat ertappt.

Martin Luther, deutscher Theologe (1483 – 1546)

Früchte reifen durch die Sonne; Menschen reifen durch Liebe.

Julius Langbehn, deutscher Schriftsteller und Philosoph (1851 – 1907)

Mir scheint, ich sehe etwas Tieferes, Unendlicheres, Ewigeres als den Ozean im Ausdruck eines kleinen Kindes, wenn es am Morgen erwacht oder kräht oder lacht, weil es die Sonne auf seine Wiege scheinen sieht.

Vincent van Gogh, niederländischer Maler (1853 – 1890)

Ein Kind ist sichtbar gewordene Liebe.

Novalis, deutscher Schriftsteller (1772 – 1801)

In dem Kleinsten der Schöpfung zeigt sich des Schöpfers Macht und Huld am größten.

Johann Gottfried Herder, deutscher Dichter und Philosoph (1744 – 1803)

Jede Schöpfung ist ein Wagnis.

Christian Morgenstern, deutscher Dichter (1871 – 1914)

Mit jedem Menschen ist etwas Neues in die Welt gesetzt, was es noch nicht gegeben hat, etwas Erstes und Einziges.

Martin Buber, österreichischer Religionsphilosoph (1878 – 1965)

Die Aufgabe der Umgebung ist es nicht, das Kind zu formen, sondern ihm zu erlauben, sich zu offenbaren.

Maria Montessori, italienische Ärztin und Pädagogin (1870 – 1952)

Kinder sind nicht nur freundliche Lichtstrahlen und Gottesgrüße, sondern auch ernste Fragen aus der Ewigkeit und schwere Aufgabe für die Zukunft.

Friedrich Schleiermacher, deutscher Pädagoge, Theologe und Philosoph (1768 – 1834)

Kinder sind unschuldig. Wir sollten zu verhüten versuchen, dass sie so werden wie wir.

Erich Kästner, deutscher Schriftsteller (1899 – 1974)

Drei Dinge sind uns aus dem Paradies geblieben: die Sterne der Nacht, die Blumen des Tages und die Augen der Kinder.

Dante Alighieri, italienischer Dichter und Philosoph (1265 – 1321)

Bevor ich heiratete, hatte ich sechs Theorien über Kindererziehung. Jetzt habe ich sechs Kinder und keine Theorie.

John Wilmot, englischer Dichter (1647 – 1680)

Und jedem Anfang wohnt ein Zauber inne, der uns beschützt und der uns hilft zu leben.

Hermann Hesse, deutscher Dichter (1877 – 1962)

Es ist ein frommer Wunsch aller Väter, das, was ihnen selbst abgegangen, an den Söhnen realisiert zu sehen.

Johann Wolfgang von Goethe, deutscher Dichter (1749 – 1832)

Sind die Kinder klein, müssen wir ihnen helfen, Wurzeln zu schlagen. Sind sie aber groß geworden, müssen wir ihnen Flügel schenken.

Indisches Sprichwort

Kinder und Uhren dürfen nicht beständig aufgezogen werden, sie müssen auch gehen.

Jean Paul, deutscher Schriftsteller (1763 – 1825)

Kinder sind eine Brücke zum Himmel.

Persisches Sprichwort

Kindererziehung ist ein Beruf, wo man Zeit zu verlieren verstehen muss, um Zeit zu gewinnen.

Jean-Jacques Rousseau, französischer Schriftsteller und Philosoph (1712 – 1778)

Man kann einen Menschen nichts lehren, man kann ihm nur helfen, es in sich selbst zu finden.

Galileo Galilei, italienischer Forscher und Astronom (1564 – 1642)

Ohne Kinder wäre die Welt eine Wüste.

Jeremias Gotthelf (eigentlich Albert Bitzius), schweizerischer Schriftsteller und Pfarrer (1797– 1854)

Ein Kind bewegt das Oberste zuunterst – und rückt gleichzeitig alle Dinge an ihren richtigen Platz.

Alain Delon, französischer Schauspieler (geb. 1935)

Kinder schauen mehr darauf, was die Eltern tun, als was sie sagen.

Marie von Ebner-Eschenbach, österreichische Erzählerin (1830 – 1916)

Die Natur will, dass die Kinder Kinder sind, ehe sie Erwachsene werden.

Jean-Jacques Rousseau, französischer Schriftsteller und Philosoph (1712 – 1778)

Die Zweige geben Kunde von der Wurzel.
Arabisches Sprichwort

Erziehung ist Beispiel und Liebe, sonst nichts.
Friedrich Fröbel, deutscher Pädagoge (1782 – 1852)

Das Glück eines Kindes beginnt lange, bevor es geboren wird, im Herzen von zwei Menschen, die einander sehr gern haben.
Phil Bosmans, belgischer Ordenspriester (geb. 1922)

Es ist einfacher, eine Nation zu regieren, als vier Kinder zu erziehen.
Sir Winston Churchill, englischer Staatsmann (1874 – 1965)

Ein Baby ist ein glücklicher Wimpernschlag der Ewigkeit.
Graham Greene, britischer Schriftsteller (1904 – 1991)

Jedes neugeborene Kind bringt die Botschaft, dass Gott sein Vertrauen in den Menschen noch nicht verloren hat.
Rabindranath Tagore, indischer Dichter (1861 – 1941)

Als du geboren wurdest, war ein regnerischer Tag. Aber es war nicht wirklich Regen, sondern der Himmel weinte, weil er einen Stern verloren hatte.
Antoine de Saint-Exupéry, französischer Schriftsteller (1900 – 1944)

Mutterglück ist das, was eine Mutter empfindet, wenn die Kinder abends im Bett sind.
Robert Lembke, Journalist und Quiz-Master (1913 – 1989)

Ein Baby ist ein Engel, dessen Flügel schrumpfen, je länger die Beine werden.
Französisches Sprichwort

In dem ersten Weinen der Kinder liegt eine Bitte; sowie man aber die Vorsicht außer Acht lässt, verwandelt sie sich in einen Befehl.
Jean-Jacques Rousseau, französischer Schriftsteller und Philosoph (1712 – 1778)

Wir können die Kinder nach unserem Sinne nicht formen. So wie Gott sie uns gab, so muss man sie haben und lieben.
Johann Wolfgang von Goethe, deutscher Dichter (1749 – 1832)

Mal heiter, mal besinnlich – Reime und Verse

Was eine Kinderseele
aus jedem Blick verspricht!
So reich ist doch an Hoffnung
ein ganzer Frühling nicht.

August Heinrich Hoffmann von Fallersleben,
deutscher Dichter (1798 – 1874)

Es ist ein Risiko,
sagt die Vernunft.
Es ist eine Belastung,
sagt die Erfahrung.
Es ist eine große Verantwortung,
sagt die Vorsicht.
Es ist nichts als Sorge und Leid,
sagt die Angst.
Es gibt kein größeres Glück,
sagt die Liebe.

Rudyard Kipling, britischer Schriftsteller
(1865 – 1936)

Liebe, menschlich zu beglücken,
nähert sie ein edles Zwei,
doch zu göttlichem Entzücken
bildet sie ein köstlich' Drei.

Johann Wolfgang von Goethe, deutscher Dichter
(1749 – 1832)

So viele Träume, so viele Wünsche,
so viele Hoffnungen, so viele Fragen,
so viel Gefühl ... so ein kleiner Mensch.
Willkommen im Leben, kleine/r (Name)!

Aus einer Geburtsanzeige

Wir wünschen euch und eurem Kinde
an Glück, so viel das Herz nur fasst.
Und ein Willkommensangebinde
sei Gruß dem neuen Ehrengast.

Es soll ein braver Junge werden
und euch zur Freude gut gedeih'n.
Ihm leuchtet im Gestrüpp auf Erden
des Lebens schönster Sonnenschein.

Euch Eltern aber sei beschieden,
was ihr nur wünscht für euch und ihn.
Im kleinen Heim soll Lust und Frieden
bestehen als des Daseins Sinn.

Friedrich Hebbel, deutscher Schriftsteller
(1813 – 1863)

Drei Engel mögen dich begleiten
in deiner ganzen Lebenszeit;
und die drei Engel, die ich meine,
sind: Frohsinn, Glück, Zufriedenheit.

Volkstümlich

Ein Gruß aus frischer Knabenkehle,
ja mehr noch eines Kindes Lallen,
kann leuchtender in deine Seele
als Weisheit aller Weisen fallen.

Theodor Fontane, deutscher Schriftsteller
(1819 – 1898)

Mit Freude haben wir vernommen,
das Baby ist jetzt angekommen.
Vorbei die Zeit, da ihr gewartet,
jetzt wird ins neue Glück gestartet!
Sind auch die Nächte vorerst laut,
ist dieser Krach bald abgeflaut.
Stattdessen warten andere Sorgen,
doch hat dieses Thema Zeit bis
morgen.

Volkstümlich

Kinder sind Rätsel von Gott
und schwerer als alle zu lösen,
aber der Liebe gelingts,
wenn sie sich selber bezwingt.

*Friedrich Hebbel, deutscher Schriftsteller
(1813 – 1863)*

Werde, was du noch nicht bist,
bleibe, was du jetzt schon bist;
in diesem Bleiben und diesem Werden
liegt alles Schöne hier auf Erden.

*Franz Grillparzer, österreichischer Schriftsteller
(1791 – 1872)*

Das schönste Kind der ganzen Welt
habt ihr beim Klapperstorch bestellt,
der euch die große Freude machte
und es nun tatsächlich brachte.
Viel Glück, Gesundheit und dazu
auch in der Nacht genügend Ruh'.

Volkstümlich

Glückwunsch zum erfüllten Traum!
Mag das Kind auch lauthals brüllen
und das Heim mit Lärm erfüllen:
Schöneres Lärmen gibt es kaum!

Unbekannt

„Lasset die Kindlein zu mir kommen ...“ – die Taufe

Das Eintauchen in Wasser beziehungsweise das Benetzen des Kopfes mit Wasser versinnbildlicht den Tod, die Reinigung sowie die Wiedergeburt und Erneuerung. Denn mit der Taufe beginnt für das Kind ein neues Leben in der christlichen Glaubensgemeinschaft. Zu diesem feierlichen Ereignis sind natürlich ebenfalls Glückwünsche angebracht, die sich nur dann an den Täufling direkt richten, wenn es sich dabei um ein älteres Kind, einen Jugendlichen oder einen Erwachsenen handelt. Nichtsdestotrotz sollte bei der Formulierung Ihrer Gratulation und gegebenenfalls bei der Auswahl eines passenden Spruches genau dieser im Mittelpunkt stehen. Und da es sich bei der Taufe um ein Sakrament handelt, sollte Ihr Text möglichst auch einen religiösen Bezug haben, selbst wenn Sie der Kirche eher kritisch gegenüberstehen.

Individuelle Glückwünsche zur Taufe

Sehr geehrte Frau Kramer,
sehr geehrter Herr Kramer,

der Herr spricht: „Es sollen wohl Berge weichen und Hügel hinfallen, aber meine Gnade soll nicht von dir weichen und der Bund meines Friedens soll nicht hinfallen.“ Möge diese göttliche Zusage der kleinen Lea Kraft und Vertrauen für ihr Leben in der Gemeinschaft von Jesus Christus geben, deren Teil sie mit ihrer heutigen Taufe geworden ist.

Gott beschütze sie!

Ihr Benjamin Franken

Liebe Susanne, lieber Gunther,

nur zu gern habe ich die Patenschaft für den kleinen Leon
übernommen und verspreche euch, immer für ihn da zu sein,
ihn zu schützen und ihm mit Rat und Tat zur Seite zu stehen.
Ich freue mich sehr, an seinem Leben auf diese Art teilnehmen zu dürfen.

Vielen Dank für euer Vertrauen und
herzlichen Glückwunsch zur Taufe!

Miriam

~~~

Liebe Christina, lieber Klaus,

heute wurde euer Johannes in die christliche Gemeinschaft
aufgenommen, die ihn mit Liebe auf seinem Lebensweg
begleiten und mit Freude an seinem Wachsen und Gedeihen
teilnehmen wird. Zu diesem feierlichen Ereignis gratulieren
wir euch sehr herzlich und wünschen Gottes Segen.

Anja und Stephan

~~~

Liebe Frau Kastner,
lieber Herr Kastner,

an diesem besonderen Tag ist Ihre Svea ein Kind Gottes
geworden. Möge er stets seine Hand über sie halten und
sie vor allem Kummer und allen Gefahren bewahren.

Wir gratulieren herzlich zur Taufe und wünschen Ihnen ein
schönes Fest im Kreise der Familie!

Ihre Nachbarn
Anne und Julius Meister

Liebe Gudrun, lieber Jürgen,

zu diesem feierlichen Ereignis möchte ich gern den Dichter
Jean Paul zitieren: „Nicht unser Hirn, sondern unser Herz
denkt die größten Gedanken. Unser Herz aber oder unsere
Seele oder der Kern unserer Persönlichkeit ist ein Funke aus
dem Lebenslichtermeer Gottes." Und in seine Hände habt ihr
Sarah mit ihrer Taufe gelegt. Dazu gratuliere ich von Herzen
und wünsche euch und dem Taufkind alles erdenklich Gute!

Eure Anja

Mal heiter, mal besinnlich – Reime und Verse

Du kleiner Mensch,
ganz ohne Ahnung,
was Leben heißt und Leben ist,
du bist uns eine ernste Mahnung,
weil du des Lebens Sinnbild bist.
D'rum wünsch' ich dir für dein Leben:
Lass Gott dir Ziel und Richtung geben.

Volkstümlich

Nun schreib ins Buch des Lebens,
Herr, ihre Namen ein,
und lass sie nicht vergebens
dir zugeführet sein.

Auch präge jedem Kinde
dein Wort recht tief ins Herz,
dass es, bewahrt vor Sünde,
dir dien' in Freud' und Schmerz.

Du, der du selbst das Leben,
der Weg, die Wahrheit bist,
uns allen sollst du geben
dein Heil, Herr Jesu Christ.

*Melchior Vulpius, deutscher Kantor und
Kirchenkomponist (um 1570 – 1615)*

Denn er hat seinen Engeln befohlen,
dich zu beschützen, wohin du auch
gehst.

Psalm 91,11

Lass uns die Wohltat recht ermessen,
die uns die Taufe zugewandt,
und nie, o Herr, den Bund vergessen,
der uns so fest mit dir verband.
Uns alle stärk' zu neuer Treu',
dass über uns dein Friede sei.

Altes Kirchenlied

Gesegnet ist der Mensch, der sich auf
Gott verlässt, dessen Hoffnung auf
Gott gründet.

Prophet Jeremia

Lieber Gott, wir bitten dich,
schau herunter gnädiglich
auf dieses kleine Menschenkind,
dem wir alle nahe sind.
Mach zum Glauben es bereit
und schütze es zu jeder Zeit.
Sei ihm Halt im Weltgetriebe,
lass es fühlen deine Liebe.
Bewahre es vor großem Schmerz
und schenke ihm ein gutes Herz.

Volkstümlich

Ich will dich unterweisen und dir den
Weg zeigen, den du geh'n sollst. Ich
will dich mit meinen Augen leiten.

Psalm 32,8

Wir bringen ein Kind zur Taufe;
Gott gebe, dass es bald laufe.
Wir wünschen, dass es gedeihe
und nicht so schreie.

Volkstümlich

Ich bin der Herr, dein Gott, der deine
rechte Hand fasst und zu dir spricht:
Fürchte dich nicht, ich helfe dir!

Jesaja 41,13

Mach uns mit dir vertraut –
und unser Inneres hell.
Öffne Herz und Verstand
für deine Wohltaten –
weit und breit,
für deine Verheißungen –
immer und ewig,
für deine Herrschaft –
über alles und jedes,
für deine Entscheidungen –
abgründig und tief.

*Franz von Assisi, italienischer
Ordensgründer
(um 1181 – 1226)*

Der Herr sei vor dir,
um dir den rechten Weg zu zeigen.
Der Herr sei neben dir,
um dich in die Arme zu schließen und
dich zu schützen gegen Gefahren.
Der Herr sei hinter dir,
um dich zu bewahren vor der Heim-
tücke des Bösen.
Der Herr sei unter dir,
um dich aufzufangen, wenn du fällst.
Der Herr sei mit dir,
um dich zu trösten, wenn du traurig
bist.
Der Herr sei um dich herum,
um dich zu verteidigen, wenn andere
über dich herfallen.
Der Herr sei über dir, um dich zu
segnen.
So segne dich der gütige Gott,
heute, morgen und immer.

Irischer Segensspruch

Das heilige Brot empfangen –
die Erstkommunion

Die erste heilige Kommunion ist nach der Taufe das zweite wichtige Ereignis im Leben eines katholischen Kindes, denn mit ihr empfängt es zum ersten Mal den Leib Christi in Form der Hostie. Traditionell geschieht das im Rahmen eines besonders feierlich gestalteten Gottesdienstes in Anwesenheit der ganzen Familie und der Taufpaten am ersten Sonntag nach Ostern, dem sogenannten Weißen Sonntag. Zur Kommunion gratulieren – wie zur Firmung und Konfirmation – vor allem Familienangehörige, Freunde und Bekannte. Auch hier sollte Ihr Glückwunsch – unabhängig von Ihrer persönlichen Einstellung – auf die religiöse Bedeutung dieses Festes eingehen und entsprechend formuliert sein. Passende Zitate beziehungsweise Reime und Verse finden Sie im Abschnitt „ Ja sagen zu Gott – die Konfirmation/Firmung ".

Individuelle Glückwünsche zur Erstkommunion

Liebe Sarah,

heute hast du neben den vielen anderen Geschenken auch ein ganz besonderes erhalten – nämlich die Gemeinschaft mit Christus, ausgedrückt durch das Brot und den Wein. Möge seine Gegenwart dich lenken und dir Kraft für deinen weiteren Lebensweg geben.

Unsere herzlichen Glückwünsche zur Kommunion!

Inge und Dieter

Lieber Stefan,

„Gott ist Licht", so hat es der englische Philosoph John Milton einmal formuliert. Und dieses Licht wurde heute auch dir zuteil. Lass dich von ihm leiten und folge ihm voller Vertrauen, denn mit ihm kannst du dich nicht verirren.

Wir wünschen dir eine gesegnete Zukunft und einen wunderschönen Tag im Kreise deiner Familie.

Sonja und Friedrich Werdenfels

Lieber Kevin,

heute ist ein besonderer Tag für dich, denn ab heute bist du ein vollwertiges Mitglied der großen christlichen Gemeinschaft. Dazu gratulieren wir dir von Herzen und wünschen dir, dass dir deine erste heilige Kommunion noch lange in guter Erinnerung bleibt.

Möge Gottes Segen dich begleiten –
heute, morgen und zu allen Zeiten!

Deine Tante Angelika

Liebe Daniela,

ich gratuliere dir ganz herzlich zu deiner Erstkommunion und wünsche dir, dass du deinen Glauben und das Vertrauen, das du heute mit dem Empfang des Leibes Jesus Christus' bekundet hast, nie verlierst. „Denn gesegnet ist der Mensch, der sich auf Gott verlässt und dessen Zuversicht Gott ist", so heißt es in der Bibel.

Alles Liebe und Gute zu deinem Festtag!

Dein Taufpate Georg

Ja sagen zu Gott –
die Konfirmation/Firmung

In der evangelischen Kirche ist die Konfirmation eine feierliche Segenshandlung, mit welcher der junge Gläubige seinen Glauben öffentlich bestätigt. Gleichzeitig markiert sie den Eintritt in das kirchliche Erwachsenenleben. Genau wie die Kommunion wird die Konfirmation im Rahmen eines Festgottesdienstes vollzogen und anschließend im Kreise der Familie gebührend gefeiert. Ein würdiger, dem feierlichen Anlass entsprechend formulierter Glückwunsch darf da natürlich nicht fehlen.

Auch das Sakrament der Firmung in der römisch-katholischen Kirche dient der Bekräftigung des Glaubens. Es wird als die Vollendung der Taufe angesehen und bildet zusammen mit ihr und der Kommunion die „drei Sakramente der christlichen Initiation". Traditionell feiert der Firmling den Firmtag allein mit seinem Paten – was jedoch nicht heißt, dass gute Wünsche zu diesem Ereignis nicht angebracht wären, ganz im Gegenteil!

Individuelle Glückwünsche zur Konfirmation/Firmung

Lieber Benjamin,

du hast dich heute für ein Leben mit Gott und das Leben deines Glaubens entschieden. Feiere und genieße diesen wichtigen Tag auf dem Weg zum Erwachsenwerden.

Alles Liebe und Gute wünschen

Tante Birgit und Onkel Johannes

Liebe Paula,

ich gratuliere dir herzlich zu deiner Konfirmation, zu der ich dir die folgenden Worte des Dichters Friedrich Morgenroth mit auf den Weg geben möchte: „Glaube fest an Gott, den Herrn; glaube an sein Walten! Niemals ist es unmodern, sich an Gott zu halten. Sei getrost: An Gottes Hand hast du immer festen Stand!"

Alles erdenklich Gute und Gottes Segen!

Deine Oma

～～

Lieber Daniel,

der Herr hat heute seine Hand nach dir ausgestreckt und du hast sie ergriffen. Damit wurde der Bund, der bei deiner Taufe zwischen euch geschlossen wurde, bekräftigt und erneuert. Dazu gratuliere ich dir von ganzem Herzen!

Deine Taufpatin Erika

～～

Liebe Susanne,

herzlichen Glückwunsch zu deiner Konfirmation, mit der du nun als Erwachsene in die kirchliche Gemeinschaft aufgenommen bist. Möge Gottes Hand dich stets beschirmen und seine Liebe dich umfangen.

Von Herzen alles Gute für deinen weiteren Lebensweg!

Edith und Günther Schrader

Kleine Sammlung großer Worte – Zitate

Gott ist nahe, wo die Menschen
einander Liebe zeigen.

Johann Heinrich Pestalozzi, schweizerischer Pädagoge
(1746 – 1827)

Nicht wer nach ihm sucht und
ausschaut, sondern wer die Augen
schließt, wird des Unsichtbaren
gewahr.

Laotse, chinesischer Philosoph
(um 600 v. Chr.)

Sei deines Willens Herr und deines
Gewissens Knecht.

Marie von Ebner-Eschenbach, österreichische
Erzählerin (1830 – 1916)

Blicke in dein Inneres! Da drinnen ist
eine Quelle des Guten, die niemals
aufhört zu sprudeln.

Marc Aurel, römischer Kaiser
(121 – 180 n. Chr.)

Dem Menschen einen Glauben
schenken, heißt, seine Kraft ver-
zehnfachen.

Gustave Le Bon, französischer Psychologe
(1841 – 1931)

Dunkelheit kann Dunkelheit nicht vertreiben, nur Licht kann das. Hass kann
Hass nicht vertreiben, nur Liebe kann
das.

Martin Luther King, amerikanischer Bürgerrechtler
(1929 – 1968)

Die wahre Lebenskunst besteht darin,
im Alltäglichen das Wunderbare zu
sehen.

Pearl S. Buck, amerikanische Schriftstellerin
(1892 – 1973)

Geh nicht die glatten Straßen. Geh Wege, die noch niemand ging, damit du
Spuren hinterlässt und nicht nur Staub.

Antoine de Saint-Exupéry, französischer Schriftsteller
(1900 – 1944)

Alle Menschen haben Zugang zu Gott,
aber jeder einen anderen.

Martin Buber, österreichischer Religionsphilosoph
(1878 – 1965)

Wie die Sonne nicht auf Lob und
Bitten wartet, um aufzugehen,
sondern eben leuchtet und von
der ganzen Welt begrüßt wird,
so darfst auch du weder Schicksal
noch Beifall brauchen, um Gutes
zu tun: Dann wirst du wie die Sonne
geliebt werden.

Epiktet, griechischer Philosoph
(um 50 – 125 n. Chr.)

Wer im Licht wandelt, stolpert nicht.

Afrikanisches Sprichwort

Wenn Gott den Menschen misst,
legt er das Maßband nicht um den
Kopf, sondern um das Herz.

Irisches Sprichwort

Mal heiter, mal besinnlich – Reime und Verse

Tritt ein für deines Herzens Meinung
und fürchte nicht der Feinde Spott,
bekämpfe mutig die Verneinung,
so du den Glauben hast an Gott.

*Theodor Fontane, deutscher Schriftsteller
(1819 – 1898)*

Der Herr ist mein Licht und mein Heil;
vor wem sollte ich mich fürchten?
Der Herr ist meines Lebens Kraft;
vor wem sollte mir grauen?

Psalm 27,1

Es kann in Ewigkeit kein Ton so lieblich sein,
als wenn des Menschen Herz mit Gott
stimmt überein.

*Angelus Silesius, deutscher Lyriker und Theologe
(1624 – 1677)*

Gott ist die Liebe, und wer in der
Liebe bleibt, der bleibt in Gott und
Gott in ihm.

1. Brief des Johannes 4,16

Die Welt ist voll von Gottes Segen;
willst du ihn haben, ist er dein.
Du brauchst nur Hand und Fuß
zu regen.
Du brauchst nur fromm und klug
zu sein.

*Friedrich Wilhelm Weber, deutscher Arzt und
Dichter (1813 – 1894)*

Gott sagt: Niemals werde ich dir
meine Hilfe entziehen, nie dich im
Stich lassen.

Josua 1,5b

Ich wünsche dir zur Kommunion,
dass Gott Vater und Gott Sohn
beschützen dich mit Segen
auf allen deinen Wegen.
Dann wanderst fromm und glücklich du
der Gold'nen Himmelspforte zu.

*Ernst Moritz Arndt, deutscher Schriftsteller
(1769 – 1860)*

Wie sich der Himmel über die Erde
wölbt, so umgibt Gottes Liebe alle,
die Gott vertrauen.

Psalm 103,11

Heut' stehst du erwartungsvoll
hier im weißen Kleid,
mit der Kerze in der Hand,
für das Fest bereit.
Heute ist allein dein Tag,
heute fühlst du's klar:
Du legst ein Bekenntnis ab,
ernst vor dem Altar.

Unbekannt

Wenn ihr mich von ganzem Herzen suchen werdet, so will ich mich von euch finden lassen.

Jeremia 29,13

Im Glauben bleibe unverdrossen!
Im Leben stehst du nie allein:
Gott hat dich in sein Herz geschlossen.
Schließ du ihn nun in deines ein.

Friedrich Morgenroth, deutscher Dichter (1836 – 1923)

Ich liebe, die mich lieben,
und die mich suchen, finden mich.

Sal 8,17

Brot und Wein – das sind die Zeichen,
die man heute dir wird reichen.
Lass sie Himmelsspeise sein
und bewahr' dein Herz dir rein.
Freu dich über diesen Tag,
den man nicht vergessen mag.

Volkstümlich

Egal ob Erstkommunion, Konfirmation oder Firmung – der dunkle Anzug gehört dazu.

Auf dem Weg zum Erwachsenwerden –
die Jugendweihe

Eine nichtkirchliche Alternative zur Konfirmation beziehungsweise Firmung ist die Jugendweihe (zum Teil auch als Jugendfeier bezeichnet), die ursprünglich auf das 19. Jahrhundert zurückgeht. Nachdem sie im Dritten Reich und in der DDR ideologisch instrumentalisiert wurde, knüpft die Jugendweihe heute wieder an ihre humanistische und freidenkerische Tradition an und bietet Heranwachsenden so eine Möglichkeit, den Übergang vom Kind zum Erwachsenen auch außerhalb des kirchlichen Rahmens feierlich zu begehen. Die Jugendweihe erfreut sich vor allem im Osten Deutschlands als großes Familienfest nach wie vor großer Beliebtheit. Anknüpfungspunkt für Ihren Glückwunsch ist auch hier die Aufnahme des Jugendlichen in den Kreis der Erwachsenen, allerdings ohne jeglichen religiösen Bezug.

Individuelle Glückwünsche zur Jugendweihe

Lieber Basti,

Picasso hat einmal gesagt: „Als Kind ist jeder ein Künstler. Die Schwierigkeit liegt darin, als Erwachsener einer zu bleiben." Und so wünschen wir dir zu deiner Jugendweihe, dass du, nachdem du nun kein Kind mehr bist, auch weiterhin Künstler bleibst – vor allem wenn es darum geht, die Herausforderungen und Widrigkeiten des Erwachsenenlebens zu meistern und deine Zukunft so zu gestalten, wie du sie dir vorstellst.

Herzlichen Glückwunsch zur Jugendweihe!

Tante Elisabeth und Onkel Stefan

Liebe Anke,

lange hast du auf diesen Tag gewartet, und nun ist er da. Mit der Jugendweihe vollziehst du symbolisch den Wechsel von der Kindheit in die Welt der Erwachsenen. Damit ist eine Menge Verantwortung verbunden. Doch mit Ehrlichkeit, Freude und Mut wirst du diese Aufgabe sicher meistern. Genieße deinen großen Tag und feiere ihn ausgelassen mit deinen Freunden und deiner Familie.

Wir gratulieren dir herzlich und wünschen dir für deinen weiteren Lebensweg alles Gute!

Irmgard und Walther Schöneberg

Lieber Markus,

für mich fühlt es sich so an, als wäre es erst gestern gewesen, dass du das Licht der Welt erblickt hast, und doch bist du von nun an schon fast erwachsen. Denke deshalb immer daran: Jeder Tag ist ein kostbares Geschenk – nutze ihn, um das Beste aus deinem Leben zu machen. Dabei wünsche ich dir viel Glück, Erfolg und Freude!

Dein Onkel Werner

Liebe Karin,

der amerikanische Regisseur Garson Kanin meint: „Es ist
einfach, alt zu werden – viel schwerer dagegen, erwachsen
zu werden." Einen wichtigen Schritt auf diesem Weg hast du
heute gemacht, und dazu gratulieren wir dir von ganzem
Herzen. Natürlich kannst du auch bei allen anderen Schritten,
die noch folgen werden, auf unsere Hilfe und unseren Halt
bauen. Wir sind stolz auf dich!

Alles Liebe

Mama und Papa

Endlich kein Kind mehr!

Kleine Sammlung großer Worte – Zitate

Nur wer erwachsen wird und ein Kind bleibt, ist ein Mensch.

Erich Kästner, deutscher Schriftsteller (1899 – 1974)

Nutze die Talente, die du hast. Die Wälder wären sehr still, wenn nur die begabtesten Vögel sängen.

Henry van Dyke, amerikanischer Autor, Erzieher und Geistlicher (1852 – 1933)

Es ist das Vorrecht der Jugend, Fehler zu begehen, denn sie hat genügend Zeit, sie zu korrigieren.

Ernst Barlach, deutscher Dramatiker und Bildhauer (1870 – 1938)

Wer nicht nach dem Ungewöhnlichen strebt, dem glückt auch das Gewöhnliche nicht.

Karl Heinrich Waggerl, österreichischer Schriftsteller (1897 – 1973)

Nicht der Mensch hat am meisten gelebt, welcher die höchsten Jahre zählt, sondern derjenige, welcher sein Leben am meisten empfunden hat.

Jean-Jacques Rousseau, französischer Schriftsteller und Philosoph (1712 – 1778)

Freiheit ist: Seine Gedanken denken und sein Leben leben zu dürfen.

John F. Kennedy, 35. amerikanischer Präsident (1917 – 1963)

Versuche nicht, ein erfolgreicher Mensch, sondern lieber, ein wertvoller Mensch zu werden.

Albert Einstein, deutscher Physiker (1879 – 1955)

Wer einmal sich selbst gefunden, der kann nichts auf dieser Welt verlieren.

Stefan Zweig, österreichischer Schriftsteller (1881 – 1942)

Vertrau' dir selbst. Dann weißt du zu leben.

Johann Wolfgang von Goethe, deutscher Dichter (1749 – 1832)

Es gibt immer ein Stück Welt, das man verbessern kann – sich selbst.

Theo Lingen, deutscher Schauspieler, Regisseur und Autor (1903 – 1978)

Das Geheimnis des Glücks ist die Freiheit. Das Geheimnis der Freiheit ist der Mut, den eigenen Weg zu finden.

Perikles, griechischer Staatsmann (um 490 – 429 v. Chr.)

Mal heiter, mal besinnlich – Reime und Verse

Gib, gib und immer gib der Welt
und lass sie, was sie mag,
dir wiedergeben,
tu alles dafür,
erwarte nichts vom Leben,
dann gibt sie sich selbst
dir zum Entgelt.

Christian Morgenstern, deutscher Dichter
(1871–1914)

Ein Meilenstein im Leben,
ein großer Schritt, voranzustreben,
die Kindheit gilt als absolviert,
das Leben wird nun anvisiert.

Den Blick voran, die Augen auf,
so schreitet fort des Lebens Lauf,
ein jeder Tag soll dich erfreuen,
nicht einen davon sollst du bereuen.

Nur gute Zeiten wünschen wir,
Mut und Kraft, das sei in dir,
Humor und stets auch recht
viel Glück,
geh stetig vorwärts, nie zurück.

Unbekannt

Danach sollst du trachten:
eig'ne Rechte mild zu üben,
fremde Rechte streng zu achten.

Emanuel Geibel, deutscher Lyriker
(1815–1884)

Erwirb dir Weisheit,
denn sie ist besser als Gold;
verschaffe dir Klugheit,
denn sie ist köstlicher als Silber.

Sprüche Salomons

Eben noch Kind, stehst du vor uns,
erwachsen werden ist dein Wunsch,
heut' wird er in Erfüllung gehen,
du wirst schon bald im Leben stehen.

Die Jugendweihe steht nun an,
wir denken feierlich daran,
wie stolz uns der Moment nun macht,
der Schritt, der andächtig vollbracht.

Wir wünschen dir auf allen Wegen
Gesundheit, Glück und recht viel
Segen.

Volkstümlich

Weitere Glückwunsch-Anlässe

Neben den gerade vorgestellten klassischen Anlässen gibt es noch eine Vielzahl von weiteren privaten und beruflichen Gelegenheiten, zu denen Sie Freunden, Verwandten, Bekannten und Kollegen Ihre guten Wünsche übermitteln können (und sollten). Das Spektrum reicht dabei von A wie „Abitur" bis Z wie „Zuspruch im Krankheitsfall". Und auch dafür hält dieses Buch die passenden Worte bereit, damit Sie für alle „Gratulations-Eventualitäten" bestens gerüstet sind.

Pauken ade –
Schule, Berufsausbildung und Studium

Egal ob Schul-, Ausbildungs- oder Studienabschluss – jedes dieser Ereignisse bedeutet eine einschneidende Veränderung im Leben eines jungen Menschen und einen wichtigen Schritt in Richtung Erwachsenwerden und Berufsleben. Finden Sie Worte der Anerkennung für das Geleistete – denn auch wenn nicht unbedingt Blut mit im Spiel war, Schweiß und Tränen waren es in der Regel immer – und verbinden Sie diese mit einer kleinen Rückschau und/oder einem Blick in die Zukunft, sprich, mit guten Wünschen für den weiteren Weg.

Individuelle Glückwünsche zum Schulabschluss

Liebe Johanna,

zu deinem bestandenen Abitur gratuliere ich dir von ganzem Herzen. Auch deshalb, weil du dich nach deinem „Durchhänger" noch einmal so richtig ins Zeug gelegt hast und am Ende eine mehr als nur passable Gesamtnote herausgekommen ist. Du kannst wirklich stolz auf dich sein – ich bin es jedenfalls! Aber nun genieß erst einmal deinen wohlverdienten Urlaub!

Liebe Grüße

Deine Oma

Lieber Nick,

du hast es geschafft – herzlichen Glückwunsch zu deinem Realschulabschluss! Doch leider gibt es auch eine „schlechte" Nachricht: „Bildung ist nicht auf die Schule begrenzt, sie geht unerbittlich weiter bis ans Lebensende", so zumindest hat es der bekannte Schauspieler und Autor Sir Peter Ustinov formuliert. Aber so, wie du dich auf die Ausbildung zum Tierpfleger freust, ist das vermutlich eher eine gute Nachricht …

Wir freuen uns riesig für dich und drücken dir ganz fest die Daumen für die Zukunft.

Mama und Papa

Liebe Kathi,

meine herzliche Gratulation zum bestandenen Abi und meine Hochachtung: Ich weiß, das war ein hartes Stück Arbeit für dich. Aber du hast dich durchgebissen, damit dein Traum vom Studium in den USA Wirklichkeit werden kann. Und nun ist es so weit, die Chapman University und das sonnige Kalifornien warten auf dich – und meine besten Wünsche begleiten dich.

Alles Liebe und Gute!

Dein Onkel Heiner

Lieber Olaf,

bei Heinrich Heine heißt es: „So ein bisschen Bildung ziert den ganzen Menschen." Und ich muss sagen, er hat recht – dein Schulabschluss steht dir ganz ausgezeichnet! Allerdings könnten ihn ein paar neue Klamotten noch ein wenig mehr zur Geltung bringen. Was hältst du also von einer ausgiebigen Shopping-Tour zur Belohnung für all den ganzen Lern-Stress?

Herzliche Glückwünsche sendet dir

Deine Schwester Claudia

Individuelle Glückwünsche zum Ausbildungs- und Studienabschluss

Lieber Daniel,

einer der Gründerväter der USA, der Naturwissenschaftler, Erfinder, Philosoph und Schriftsteller Benjamin Franklin, hat damals schon gewusst: „Eine Investition in Wissen bringt immer noch die besten Zinsen." Und so wünschen wir dir, dass sich dein Studium nun auch für dich auszahlen wird.

Wir gratulieren herzlich zum Diplom und wünschen toi, toi, toi für den ersten Job!

Tante Gisela und Onkel Peter

Liebe Gabi,

spätestens als du angefangen hast, Papas Rechner „aufzurüsten" und mit kryptischen Begriffen wie „Linux", „Podcasting" und „SQL" um dich zu werfen, war uns klar, dass den Jungs aus deiner Schule in Sachen Computer harte Konkurrenz ins Haus steht. Und mit der bestandenen Abschlussprüfung darfst du dich ab heute – allen Unkenrufen zum Trotz – stolz „Fachinformatikerin" nennen. Herzlichen Glückwunsch! Und lass dich auch in Zukunft bloß nicht von irgendwelchen Machos beirren, sondern geh mutig weiter deinen Weg.

Wir drücken dich ganz fest

Mama und Papa

Liebe Sabine,

mit viel Fleiß, Ausdauer und Selbstdisziplin, und nicht zuletzt dank deines messerscharfen Verstands, hast du sie geschafft, die erste juristische Prüfung – und das sogar mit Prädikat. Dazu einen ganz lieben Glückwunsch von uns! Wir sind unglaublich stolz auf dich und hoffen, dein Traumarbeitgeber, die Vereinten Nationen, lassen sich die Chance auf eine so tolle Mitarbeiterin nicht entgehen.

Alles Liebe und Gute wünschen

Inge und Michael

Lieber Linus,

Alfred Nobel, der Stifter des nach ihm benannten Preises – übrigens auch ein Chemiker – hat einmal gesagt: „Ein Lexikon handhaben zu wissen, ist besser als zu glauben, ein solches zu sein." Doch wenn es um chemische Formeln und Verbindungen geht, BIST du tatsächlich ein wandelndes Nachschlagewerk. Kein Wunder also, dass du die Ausbildung zum Chemielaboranten mit Bravour gemeistert hast. Dazu meine herzlichste Gratulation und die allerbesten Wünsche für deinen weiteren Berufsweg!

Dein Frank Dobmeier

Kleine Sammlung großer Worte – Zitate

Etwas wirklich zu wissen,
heißt, seine Gründe zu kennen.

*Francis Bacon, englischer Philosoph und
Staatsmann (1561–1626)*

Lerne immer Neues, aber vergiss
das Bewährte nicht.

Deutsches Sprichwort

Kenntnisse kann jeder haben,
aber die Kunst zu denken, ist das
seltenste Geschenk der Natur.

*Friedrich der Große, König von Preußen
(1712–1786)*

Weise Lebensführung gelingt keinem
Menschen durch Zufall. Man muss,
solange man lebt, lernen, wie man
leben soll.

*Seneca, römischer Philosoph und Dramatiker
(um 1–65 n. Chr.)*

Das Einmaleins und das Alphabet
sind das beste Saatgut gegen
Hunger und Not.

*Paulo Evaristo Arns, brasilianischer Kardinal
(geb. 1921)*

Vieles erfahren zu haben, heißt noch
nicht, Erfahrungen zu besitzen.

*Marie von Ebner-Eschenbach, österreichische
Erzählerin (1830–1916)*

Mann kann einen Menschen nichts
lehren, man kann ihm nur helfen,
es in sich selbst zu entdecken.

*Galileo Galilei, italienischer Naturwissenschaftler
und Philosoph (1564–1642)*

Nicht in der Erkenntnis liegt das
Glück, sondern im Erwerb der
Erkenntnis.

*Edgar Allen Poe, amerikanischer Schriftsteller
(1809–1849)*

Es ist wichtiger, Fragen stellen zu
können, als auf alles eine Antwort
zu wissen.

*James Thurber, amerikanischer Schriftsteller und
Zeichner (1894–1961)*

Alles, was uns begegnet, lässt Spuren
zurück. Alles trägt unmerklich zu
unserer Bildung bei.

*Johann Wolfgang von Goethe, deutscher Dichter
(1749–1832)*

Nützliches Wissen macht weiser
als viel Wissen.

*Aischylos, griechischer Dichter
(525–455 v. Chr.)*

Genie ist ein Prozent Eingebung
und 99 Prozent Fleiß.

*Thomas Alva Edison, amerikanischer Erfinder
(1847–1931)*

Der Kluge lernt aus allem und von jedem, der Normale aus seinen Erfahrungen und der Dumme weiß alles besser.

Sokrates, griechischer Philosoph (469–399 v. Chr.)

Durch Bildung verschönert der Mensch sein eigenes Ich. Er schämt sich nicht, zu lernen und zu fragen. Fragen und Forschen sind die Wurzeln des Wissens, Denken und Nachsinnen der Weg.

Konfuzius, chinesischer Philosoph (551–479 v. Chr.)

Lerne zuhören, und du wirst auch von denjenigen Nutzen ziehen, die dummes Zeug reden.

Platon, griechischer Philosoph (um 428–348 v. Chr.)

Ohne Begeisterung ist noch nie etwas Großes geschaffen worden.

Ralph Waldo Emerson, amerikanischer Schriftsteller und Philosoph (1803–1882)

Denken und Wissen sollten immer gleichen Schritt halten. Das Wissen bleibt sonst tot und unfruchtbar.

Wilhelm von Humboldt, deutscher Gelehrter und Staatsmann (1767–1835)

Wissen ist ein Schatz, der seinen Besitzer überall hin begleitet.

Chinesisches Sprichwort

Die Neugier steht immer an erster Stelle eines Problems, das gelöst werden will.

Galileo Galilei, italienischer Naturwissenschaftler und Philosoph (1564–1642)

Man gibt seine Kinder auf die Schule, dass sie still werden, auf die Hochschule, dass sie laut werden.

Jean Paul, deutscher Schriftsteller (1763–1825)

Wer weiß, dass er nichts weiß, ist weise. Wer darüber hinaus weiß, was er nicht weiß, kann danach fragen. Und wer schließlich weiß, wo das steht, was er nicht weiß, kann es nachschlagen.

Albert Einstein, deutscher Physiker (1879–1955)

Ein Hund ist nicht deshalb gut, weil er tüchtig bellen kann; ein Mensch ist nicht deshalb weise, weil er tüchtig reden kann.

Dschuang Dsi, chinesischer Philosoph (um 365–290 v. Chr.)

Staunen ist der erste Schritt zu einer Erkenntnis.

Louis Pasteur, französischer Naturwissenschaftler und Mitbegründer der Mikrobiologie (1822–1895)

Echte Bildung ist nicht Bildung zu irgendeinem Zwecke, sondern sie hat, wie jedes Streben nach dem Vollkommenen, ihren Sinn in sich selbst.

Hermann Hesse, deutscher Dichter (1877–1962)

Es gibt kaum einen, der gar kein Talent hat. Bildung entdeckt es, Fleiß bildet es und Charakter erhält es.

Curt Goetz, deutsch-schweizerischer Schriftsteller und Schauspieler (1888–1960)

Ein großer Lehrer ist einer, der aus seinen Schülern Funken herausschlagen kann, Funken, an denen ihr Enthusiasmus für Musik – oder was immer sie studieren – schließlich Feuer fängt.

Leonard Bernstein, amerikanischer Dirigent und Komponist (1918–1990)

Ein Intellektueller ist einer, der mehr Wörter benutzt, als er eigentlich braucht, um mehr zu sagen, als er weiß.

Wandinschrift an der Universität Cambridge

Wenn man nur vom Zuschauen ein Handwerk erlernen könnte, wäre jeder Hund ein Metzgermeister.

Bulgarisches Sprichwort

Wenn man etwas nicht weiß, so kann man fragen; wenn man etwas nicht kann, so kann man es lernen.

Lü Bu We, chinesischer Philosoph (um 300–235 v. Chr.)

Die Übung ist in allem die beste Lehrerin der Sterblichen.

Euripides, griechischer Dramatiker (um 480–406 v. Chr.)

Sich aufs Leben vorzubereiten und zugleich zu leben, ist die höchste Aufgabe.

Friedrich Hebbel, deutscher Schriftsteller (1813–1863)

Fantasie ist wichtiger als Wissen, denn Wissen ist begrenzt.

Albert Einstein, deutscher Physiker (1879–1955)

Das sind die Weisen, die durch Irrtum zur Wahrheit reisen. Die bei dem Irrtum verharren, das sind die Narren.

Friedrich Rückert, deutscher Dichter (1788–1866)

Geschafft –
der Führerschein und andere Prüfungen

Aber natürlich sind die Prüfungen, die wir im Rahmen unserer
Schulzeit, der Lehre oder des Studiums ablegen, weder die
letzten noch die einzigen. Sowohl das Berufs- als auch unser
Privatleben halten noch jede Menge anderer Prüfungen für
uns bereit, denen wir uns aber in der Regel etwas bereitwilli-
ger stellen – vor allem im zarten Alter von 18 ...

Individuelle Glückwünsche zur bestandenen Prüfung

Lieber Bernd,

endlich hältst du den lang ersehnten „Lappen" in Händen
und bestimmst damit von jetzt an ganz allein „wo's lang-
geht". Doch bitte denke dabei immer an die folgenden Worte
des bekannten Schriftstellers Bernard Shaw: „Bewegung ist
köstlich, wenn wir sie in der Gewalt behalten, lenken und
zum Stillstand bringen können, sobald sie gefährlich wird."

In diesem Sinne herzlichen Glückwunsch zur bestandenen
Führerscheinprüfung und allzeit gute Fahrt!

Deine Eltern

Liebe Kerstin,

mit dem Führerschein sind deinem „Bewegungsdrang" nun
fast keine Grenzen mehr gesetzt. Doch bevor du losbraust,
gestatte deinem „alten Onkel" noch ein mahnendes Wort:
Fahr vorsichtig, bleib gelassen und vergiss vor allem nicht,
deinen Schutzengel mitzunehmen!

Der „Schein" zum „Schein" soll übrigens dein durch die Fahr-
stunden arg angegriffenes Sparpolster wieder etwas aufbessern.

Es gratuliert dir herzlich

Dein Onkel Karsten

Lieber Hannes,

retten, löschen, bergen, schützen – die Feuerwehr ist deine
Welt. Umso mehr freuen wir uns, dir zu deiner bestandenen
Leistungsprüfung gratulieren zu können. Da hat sich das
Büffeln und Trainieren der letzten Wochen doch gelohnt.

Herzlichen Glückwunsch

Klausi und Werner

Liebe Miriam,

dass dein Glück auf dem Rücken der Pferde liegt, sieht man,
wenn man dich auf deinem Justinus reiten sieht. Und das ihr
beide eine perfekte Einheit bildet, hast du jetzt sogar schwarz
auf weiß – beziehungsweise in Silber! Ich gratuliere dir ganz
herzlich zum deutschen Reitabzeichen Klasse II.

Deine Anke

Lieber Christian,

mit deinem Segelschein bist du gegenüber uns Landratten nun klar im Vorteil, was das Geheimnis von Steuer- und Backbord sowie eines vernünftigen Knotens angeht. Aber glaube ja nicht, dass du uns deswegen nun Klabautermann-geschichten und Seemannsgarn auftischen kannst ...

Herzlichen Glückwunsch zur bestandenen Prüfung!

Inge und Frank

Lieber Thomas,

dein großes Vorbild Albert Einstein hat einmal gesagt: „Das Doktorwerden ist eine Konfirmation des Geistes." Und ge-nau wie damals zu deiner „ersten" Konfirmation gratulieren wir dir auch heute von ganzem Herzen. Wir sind furchtbar stolz auf dich!

Mama und Papa

Liebe Sonja,

ich hoffe, ich darf bei dieser vertrauten Anrede bleiben, denn wie ich gerade erfahren habe, hast du heimlich, still und leise deinen Doktor gemacht – neben Ehemann, Kind und Job. Vor dieser tollen Leistung, liebe Frau Doktor, ziehe ich den Hut und gratuliere dir ganz herzlich!

Dein Alex

Lieber Steffen,

der englische Schriftsteller Charles Colton hat einmal gesagt: „Prüfungen sind deshalb so unerträglich, weil der größte Dummkopf mehr fragen kann, als der gescheiteste Mensch zu beantworten vermag." Und doch hast du es geschafft, genügend Fragen richtig zu beantworten, um den Meisterbrief zu erhalten. Damit steht deinem großen Traum vom eigenen Betrieb nun nichts mehr im Wege.

Herzlichen Glückwunsch und viel Erfolg!

Dein Andreas

Liebe Sandra,

mit der Fortbildung zur Bankfachwirtin hast du dir ein tolles Sprungbrett für deine berufliche Zukunft geschaffen. Ich gratuliere herzlich und wünsche dir, dass der dazugehörige Sprung auf der Karriereleiter nicht lange auf sich warten lässt und ebenso gut gelingt.

Liebe Grüße

Deine Barbara

Ein Grund zum Jubeln –
Siege, Auszeichnungen und Preise

Besondere Erfolge und Ehrungen sind nicht nur ein Grund zum Jubeln und zum Feiern, sondern auch ein Grund zum Gratulieren, denn in solchen Situationen ist es schön zu hören (oder in diesem Fall: zu lesen), dass sich andere mitfreuen – egal ob es dabei um sportliche beziehungsweise intellektuelle Höchstleistungen geht oder um die Würdigung eines außergewöhnlichen sozialen Engagements. Dabei darf sich in Ihre Mit-Freude – wohl dosiert(!) – auch etwas Nachdenklichkeit mischen. Für Neid und/oder den Hinweis auf den eigenen Anteil am Erfolg des Betreffenden ist in einem solchen Glückwunsch jedoch kein Platz.

Individuelle Glückwünsche zum Erfolg/zur Ehrung

Lieber Herr Folkert,

ich gratuliere Ihnen ganz herzlich zur Verleihung der Ehrenbürgerwürde – eine Auszeichnung, die Sie sich aufgrund Ihres vielfältigen und langjährigen Engagements zum Wohl unserer schönen Stadt mehr als verdient haben. Und doch haben Sie nie viel Aufhebens um Ihr Wirken gemacht, sodass es mich nun doppelt freut, dass Ihnen diese Ehrung schließlich zuteil wird.

Nochmals herzlichen Glückwunsch!

Ihr Kilian Grünbaum

Lieber Dirk,

der Fußballkaiser Franz Beckenbauer sagt über Erfolg: „Erfolg ist wie ein scheues Reh. Der Wind muss stimmen, die Witterung, die Sterne und der Mond." Und bei euch hat diese Saison offensichtlich alles gestimmt, sodass ihr nun in die Regionalliga aufsteigt.

Herzlichen Glückwunsch – und möge euch das Glück auch in der kommenden Saison hold sein!

Dein Tommy

⁓⌣⁓

Lieber Daniel,

der 1. Platz beim Landeswettbewerb von „Jugend forscht" ist wirklich eine tolle Leistung, zu der wir ganz, ganz herzlich gratulieren. Wir sind schon gespannt, was unserem „kleinen Einstein" als nächstes einfällt, und drücken dir ganz fest die Daumen für den Bundeswettbewerb. Wir sind sehr stolz auf dich!

Tante Anna und Onkel Ulli

⁓⌣⁓

Lieber Herr Schneider,

herzlichen Glückwunsch zum Gewinn des Innovationspreises der deutschen Wirtschaft! Wirklich überrascht hat mich das als Ihrem Vorgesetzten allerdings nicht, denn ich kenne niemanden, der so kreativ ist und so voller guter Ideen steckt wie Sie. Bitte mehr davon!

Jan Westheimer
im Namen des gesamten Teams

Liebe Nicole,

um es mit den – zugegebenermaßen etwas antiquierten, aber
deswegen nicht weniger treffenden – Worten des deutschen
Reichskanzlers Theobald von Bethmann Hollweg zu sagen:
„Freie Bahn den Tüchtigen!" Endlich hat es mit dem Sprung
aufs Siegertreppchen geklappt, und das, obwohl du nach all
den Rückschlägen schon fast nicht mehr daran geglaubt
hast. Ich freue mich sehr für dich.

Herzlichen Glückwunsch, meine Sprintkönigin!

Dein Olaf

Der Sprung aufs Siegertreppchen ist gelungen!

Kleine Sammlung großer Worte – Zitate

Wenn der Mensch sich etwas vornimmt, so ist ihm mehr möglich, als man glaubt.

Johann Heinrich Pestalozzi, schweizerischer Pädagoge (1746–1827)

Fehlschläge und Niederlagen sind die Meilensteine auf dem Weg zum Erfolg.

Chinesisches Sprichwort

Siege, aber triumphiere nicht.

Marie von Ebner-Eschenbach, österreichische Erzählerin (1830–1916)

Der Erfolg ist das Kind der Keckheit.

Benjamin Disraeli, englischer Schriftsteller und Premierminister (1804–1881)

Oberflächliche glauben an Glück und Zufall, Tatkräftige glauben an Ursache und Wirkung.

Ralph Waldo Emerson, amerikanischer Schriftsteller und Philosoph (1803–1882)

Unzufriedenheit ist der erste Schritt zum Erfolg.

Oscar Wilde, irischer Dramatiker (1854–1900)

Ein mutiges Herz ist der halbe Sieg.

Englisches Sprichwort

Das Ende krönt das Werk.

William Shakespeare, englischer Schauspieler und Dramatiker (1564–1616)

Auch Helden siegen nicht immer.

Deutsches Sprichwort

Erfolg ist das Ergebnis harter und zäher Arbeit. Er erfordert die Anspannung aller Kräfte.

Konrad Adenauer, erster Bundeskanzler der Bundesrepublik Deutschland (1876–1967)

Leidenschaft ist immer siegreich.

Theodor Fontane, deutscher Schriftsteller (1819–1898)

Jedermann soll immer das Höchste erstreben, das zu erreichen ihm möglich ist.

Aristoteles, griechischer Philosoph (384–322 v. Chr.)

Der Neid ist die aufrichtigste Form der Anerkennung.

Wilhelm Busch, deutscher Dichter (1832–1908)

Sich selbst besiegen, ist der schönste Sieg. Erst er macht Erfolge möglich.

Friedrich von Logau, deutscher Dichter (1605–1655)

Im Beet des Erfolges blüht die Verwegenheit.

Sprichwort aus Nepal

Wenn man nicht verlieren kann, verdient man auch nicht zu gewinnen.

Edward Kennedy, amerikanischer Senator (1932–2009)

Selbst Orden können eine gute Leistung nicht verschlechtern.

Kurt Tucholsky, deutscher Schriftsteller (1890–1935)

Je größer die Schwierigkeit, desto größer der Sieg.

Marcus Tullius Cicero, römischer Politiker, Schriftsteller und Philosoph (106–43 v. Chr.)

Ein Kranz ist gar viel leichter zu binden, als ihm ein würdig' Haupt zu finden.

Johann Wolfgang von Goethe, deutscher Dichter (1749–1832)

Der Erfolg ist eine Folgeerscheinung. Niemals darf er zum Ziel werden.

Gustave Flaubert, französischer Schriftsteller (1821–1880)

Dem Mutigen lächelt das Glück.

Lateinisches Sprichwort

Nur durch Kampf gewinnt man Siege.

Friedrich von Bodenstedt, deutscher Schriftsteller (1819–1892)

Nur Demut führt zum Siege, Überhebung und Selbstüberschätzung zum Gegenteil.

Otto von Bismarck, erster Reichskanzler des Deutschen Reiches (1815–1898)

Der unwiderstehlichste Mensch auf Erden ist der Träumer, dessen Träume wahr werden.

Tanja Blixen, dänische Schauspielerin (1885–1962)

Nur im Wörterbuch kommt Erfolg vor Fleiß.

Vidal Sassoon, amerikanischer Starfriseur (geb. 1928)

Ehrungen, das ist, wenn die Gerechtigkeit ihren liebenswürdigen Tag hat.

Konrad Adenauer, erster Bundeskanzler der Bundesrepublik Deutschland (1876–1967)

Das Wesentliche ist nicht, gesiegt zu haben, sondern sich wacker geschlagen zu haben.

Pierre Baron de Coubertin, Initiator der Olympischen Spiele der Neuzeit (1863–1937)

Willkommen daheim –
Umzug und eigenes Heim

Ob die erste eigene kleine Wohnung, das freistehende Einfa-
milienhaus mit großem Garten für die Kinder oder das schicke
Apartment hoch über den Dächern der Stadt – der Um- beziehungsweise Einzug in ein neues Heim ist immer ein Grund
zu gratulieren, insbesondere wenn damit der lang gehegte
Traum von den eigenen vier Wänden endlich Wirklichkeit wird.
Anknüpfungspunkte können hier neben klassischen Glück-
und Segenswünschen überwundene Hindernisse und Pannen
auf dem Weg ins neue Domizil sein sowie auffällige Details
wie Ausstattung, Farbwahl, immer noch herumstehende Um-
zugskartons usw. – natürlich immer mit einem Augenzwinkern.

Individuelle Glückwünsche zum Einzug/Eigenheim

Liebe Sabine,

wie heißt es doch im Volksmund so treffend: „Der Mensch
braucht ein Plätzchen, und wär's noch so klein, von dem er
kann sagen: Sieh her, das ist mein! Hier leb ich, hier lieb ich,
hier ruhe ich aus. Hier ist meine Heimat. Hier bin ich zu
Haus."
Wir freuen uns riesig, dass du so ein Plätzchen für dich gefunden hast, und kommen dich demnächst gern mal in deiner
kleinen „Oase" besuchen.

Also bis bald

Juliane und Doris

Liebe Hanna, lieber Jörg,

zum Einzug in die lang ersehnten eigenen vier Wände gratulieren wir euch herzlich. Wir freuen uns sehr, dass ihr ein so schönes neues Zuhause gefunden habt, und wünschen euch, dass ihr euch dort bald rundum wohlfühlen werdet.

Alles Liebe wünschen euch eure Freunde

Anna, Linus, Richard, Elke und Mike

Lieber Markus,

„Wohneigentum ist nur etwas für Spießer" – ich kann mich noch genau an deine Worte von vor einem Jahr erinnern. Und jetzt feiern wir deinen Einzug in die neue Eigentumswohnung ... Aber ich kann dich beruhigen, du bist überhaupt nicht spießig, und deine Wohnung auch nicht. Ganz im Gegenteil: sehr trendy und trotzdem geschmackvoll.

Herzlichen Glückwunsch!

Deine Gabi

Liebe Nina, lieber Daniel,

die letzten Monate waren weiß Gott kein Zuckerschlecken für euch: Jede freie Minute auf der Baustelle, nicht enden wollende Gespräche mit der Bank, dem Architekt, den Handwerkern und Lieferanten und jetzt noch der große Umzug. Aber wenn man euer „Häusle", wie ihr es liebevoll nennt, jetzt so sieht, kann man nur eines sagen: Es hat sich gelohnt!

Herzlichen Glückwunsch zum Eigenhoim!

Frauke und Jürgen

Lieber Michael,

jetzt wirst du wohl endgültig flügge – erst der Führerschein, dann die bestandene Prüfung zum Reiseverkehrskaufmann und jetzt die erste eigene Wohnung. Wir wünschen dir, dass du dich in deinem neuen „Nest" pudelwohl fühlst und hin und wieder auch einmal zu uns ins alte zurückkehrst.

Alles Gute zum Einzug!

Mama und Papa

Liebe Karin, lieber Tom,

der englische Philosoph und Staatsmann Sir Francis Bacon hat über das Bauen einmal gesagt: „Häuser baut man zum Wohnen und nicht zum Anschauen; deshalb hat auch die Zweckmäßigkeit den Vorrang vor der Schönheit, ausgenommen wo man beides vereinigen kann." Und genau das ist euch beiden in eurem Haus perfekt gelungen. Vor allem die Wandgestaltung hat uns total begeistert, denn wir hätten uns nie getraut, solche Farben miteinander zu kombinieren – einfach toll!

Nochmals alles Liebe und Gute zum Einzug in die eigenen vier Wände!

Birgit und Samuel

Kleine Sammlung großer Worte – Zitate

Ein Haus ist eine Arche, um der Flut zu entrinnen.

Katherine Mansfield, neuseeländische Schriftstellerin (1888–1923)

Das Glück tritt gern in ein Haus ein, in dem gute Laune herrscht.

Japanisches Sprichwort

Wer Geld zum Wegwerfen hat, nehme Handwerker und lasse sie ohne Aufsicht.

Italienisches Sprichwort

Ein Haus wird gebaut, aber ein Zuhause wird geformt.

Hazrat Inayat Khan, indischer Sufi-Meister (1882–1927)

Ehe du ein Haus kaufst, erkundige dich nach den Nachbarn.

Volkstümlich

Das eigene Haus ist für jeden der sicherste Zufluchtsort.

Corpus Iuris Civilis (römisches Gesetzeswerk, veröffentlicht 529 n. Chr.)

Man soll bauen, als wollt' man ewig leben, und also leben, als sollt' man morgen sterben.

Martin Luther (zugeschrieben), deutscher Theologe (1483–1546)

Der Ehrgeiz der alten Turmbauer von Babel war wohl begründet für diese Welt: es gibt nur zwei starke Überwinder der Vergesslichkeit der Menschen: die Dichtkunst und die Baukunst, und die letztere umschließt in gewisser Hinsicht die erste und ist noch mächtiger in ihrer Wirklichkeit. Es ist gut, nicht nur das zu besitzen, was Menschen gedacht und gefühlt haben, sondern auch, was ihre Hände gehoben und gehauen.

John Ruskin, englischer Schriftsteller, Maler und Philosoph (1819–1900)

Der Philosoph wie der Hausbesitzer hat immer Reparaturen.

Wilhelm Busch, deutscher Dichter (1832–1908)

Zeige mir, wie du baust, und ich sage dir wer du bist.

Christian Morgenstern, deutscher Dichter (1871–1914)

Wie sich das ganze Wirrwarr der Gefühle verlieret und ordnet, wenn man aus dem Fremden heimkehrt in seine eigenen vier Wände! Nur zu Hause ist der Mensch ganz.

Jean Paul, deutscher Schriftsteller (1763–1825)

Mal heiter, mal besinnlich – Reime und Verse

Lang ersehnt, jetzt endlich wahr:
Ihr habt ein Haus! Wie wunderbar!
Es sei und bleibe euch allezeit
Glücksquelle und Gemeinsamkeit!

Volkstümlich

Wir regen die Hände
und gründen die Wände,
wir kamen vom Fach
bis unter das Dach.
Gott wollt' es beschützen
vor Donner und Blitzen,
vor Regen und Sturm
und Mäusen und Wurm!
Vor Schwamm, dem versteckten,
vor vielen Kollekten,
vor Schulden im Buch
und schlechtem Besuch!

*Carl Immermann, deutscher Schriftsteller
und Lyriker (1796–1840)*

Gleich dem Vogel des Waldes,
dessen Nest ist sein Heim,
finde ich Ruhe und Frieden
zu Hause allein.

*John Clare, englischer Dichter
(1793–1864)*

Wenn dieses Haus so lang nur steht,
bis aller Neid und Hass vergeht,
dann bleibt's fürwahr so lange steh'n,
bis die Welt wird untergeh'n.

Volkstümlich

Zum neuen Heime wünschen wir,
dass ihr glücklich und zufrieden seid.
Zu eurem Einzug haben hier
zwei Gaben wir bereit:
Das Brot, es gehe niemals aus,
und Salz, das würze jeden Schmaus,
solange ihr hier weilt
und euer Brot mit guten Freunden
teilt.
Solange ihr habt Salz und Brot,
bleibt ferne von euch alle Not.

*Friedrich Rückert, deutscher Dichter
(1788–1866)*

In jedes Haus, wo Liebe wohnt,
da scheint hinein auch Sonn' und
Mond,
und ist es noch so ärmlich klein,
es kommt der Frühling doch hinein.

*August Heinrich Hoffmann von Fallersleben,
deutscher Dichter (1798–1874)*

Bosheit, Feinde, schlimme Leiden
sollen eure Türe meiden!
Freude, Glück und Sonnenschein
sollen euch willkommen sein!

Volkstümlich

Das größte Haus ist eng,
das kleinste Haus ist weit,
wenn dort ein Gedräng'
und hier Zufriedenheit.

*Martin Luther, deutscher Theologe
(1483–1546)*

Willkommen daheim!

Das eig'ne Heim, es ist vollendet,
behüt's euch Gott, der Gutes sendet,
vor jedem Schaden, allem Ungemach
vom tiefen Keller bis zum hohen Dach.
Wir wünschen es sehr, so soll es sein:
Hier zieh'n mit euch Glück und Frieden ein!

Volkstümlich

Raum ist in der kleinsten Hütte
für ein glücklich liebend' Paar.

*Friedrich Schiller, deutscher Dichter
(1759–1805)*

Kollegen, Mitarbeiter, Geschäftspartner –
Glückwünsche rund um das Berufsleben

Neben den klassischen Glückwunsch-Anlässen wie Geburtstag, Hochzeit usw. gibt es im Berufsleben auch einige ganz spezielle Ereignisse, bei denen eine Gratulation beziehungsweise gute Wünsche angebracht sind. Ob diese eher freundschaftlich-kumpelhaft oder formell ausfallen, hängt von Ihrem Verhältnis zum Betreffenden ab. **Zur Erinnerung:** Glückwunschkarten sind nicht der passende Ort für verletzte Gefühle, Streitigkeiten oder alte Rechnungen – weder offen noch versteckt in entsprechenden Anspielungen. Finden Sie den Wechsel Ihres Chefs in ein anderes Unternehmen insgeheim ganz und gar nicht bedauerlich oder sind Sie der Meinung, dass Sie, und nicht Ihr Kollege, die Beförderung verdient hätten? Dann belassen Sie es bei einem kurzen, neutral gehaltenen mündlichen Glückwunsch oder verzichten Sie ganz darauf.

Individuelle Glückwünsche zur Beförderung

Liebe Frau Kruse,

als die erfolgreiche Tennisspielerin Martina Navratilova nach dem Geheimnis ihres Erfolgs befragt wurde, antwortete sie: „Um nach vorne zu kommen und dort zu bleiben, kommt es nicht darauf an, wie gut du bist, wenn du gut bist, sondern wie gut du bist, wenn du schlecht bist." Und auch Sie, liebe Frau Kruse, sind selbst wenn Sie einen schlechten Tag haben, immer noch hervorragend. Ihre Beförderung, zu der ich Ihnen ganz herzlich gratuliere, war also nur eine Frage der Zeit.

Mit den besten Grüßen

Wolfgang Richter

Liebe Monika,

auch wenn es uns sehr schwer fällt, die „gute Seele" unserer Abteilung ziehen zu lassen, freuen wir uns doch riesig für dich, dass du nun die Chance bekommst, endlich auch deine Führungsqualitäten unter Beweis zu stellen. Du wirst bestimmt eine tolle Chefin.

Herzlichen Glückwunsch zur Beförderung!

Christa, Arndt, Stefan, Anke und Doris

Lieber Christian,

du bist der beste Beweis dafür, dass derjenige, der nach den Sternen greift, sie auch erreicht, wenn er sich nur ein wenig streckt. Und wir beide wissen: Für die letzten Projekte hast du dich mehr als nur ein wenig gestreckt. Bei der Einsatzbereitschaft und Leistungsfähigkeit, die du gezeigt hast, hast du die Beförderung mehr als verdient. Ich gratuliere dir herzlich!

Deine Anne

Sehr geehrter Herr Grotemann,

der bekannte deutsche Schriftsteller Gerhart Hauptmann hat einmal gesagt: „Sobald einer in einer Sache Meister geworden ist, sollte er in einer anderen Sache Schüler werden." Insofern war es für Sie höchste Zeit, sich neuen Herausforderungen zu stellen – und Herausforderungen hält Ihr neuer Posten mehr als genug für Sie bereit.

Alles Gute für Ihre neue Aufgabe samt dem notwendigen Quäntchen Glück wünscht Ihnen

Ihr Klaus Schreiber

Kleine Sammlung großer Worte – Zitate

Es ist gefährlich, einen extrem fleißigen Büroangestellten einzustellen, weil die anderen ihm dann ständig zuschauen.

Henry Ford I., amerikanischer Unternehmer (1863–1947)

Der Preis des Erfolgs ist Hingabe, harte Arbeit und unablässiger Einsatz für das, was man erreichen will.

Frank Lloyd Wright, amerikanischer Architekt (1869–1959)

Niemand wird gekrönt, der nicht vorher gekämpft hat.

Johann Wolfgang von Goethe, deutscher Dichter (1749–1832)

Wenn wir uns von unseren Träumen leiten lassen, wird der Erfolg all unsere Erwartungen übertreffen.

Henry David Thoreau, amerikanischer Philosoph und Schriftsteller (1817–1862)

Was bedeutet schon Geld? Ein Mensch ist erfolgreich, wenn er zwischen Aufstehen und Schlafengehen das tun kann, was ihm gefällt.

Bob Dylan, amerikanischer Musiker und Schriftsteller (geb. 1941)

Karriere ist etwas Herrliches, aber man kann sich in einer kalten Nacht nicht an ihr wärmen.

Marilyn Monroe, amerikanische Schauspielerin (1926–1962)

Mann muss mutig sein, und Mut ist die Fähigkeit, von Niederlage zu Niederlage zu gehen, ohne seine Begeisterung zu verlieren.

Sir Winston Churchill, englischer Staatsmann (1874–1965)

Nur eines beglückt zu jeder Frist: Schaffen, wofür man geschaffen ist.

Paul Heyse, deutscher Schriftsteller (1830–1914)

Es gibt zwei Möglichkeiten, Karriere zu machen. Entweder leistet man wirklich etwas oder man behauptet, etwas zu leisten. Ich rate zur ersten Methode, denn hier ist die Konkurrenz bei weitem nicht so groß.

Danny Kaye, amerikanischer Schauspieler (1913–1987)

Abwechslung macht Freude.

Euripides, griechischer Dramatiker (um 480–406 v. Chr.)

Das Geheimnis des Erfolges ist, den Standpunkt des anderen zu verstehen.

Henry Ford I., amerikanischer Unternehmer (1863–1947)

Nicht nur beim Rückzug, auch beim Vormarsch muss man die bisherigen Positionen aufgeben.

Unbekannt

Ein Mann, den ich erfolgreich nennen würde, der muss geraden Sinnes sein, ergeben der Rechtschaffenheit, die Worte und die Mienen anderer wägen können, bescheiden sein in allem, was er denkt, um sich vor anderen nicht hervorzutun. So einer wird erfolgreich sein im Staat und ebenso unter den Seinen.

Konfuzius, chinesischer Philosoph (551–479 v. Chr.)

Das Wissen um den richtigen Zeitpunkt ist der halbe Erfolg.

Maurice Couve de Murville, französischer Politiker (1907–1999)

Erfolg hat nur der, der etwas tut, während er auf den Erfolg wartet.

Thomas Alva Edison, amerikanischer Erfinder (1847–1931)

Die Ablehnung, Unwichtiges zu tun, ist eine entscheidende Voraussetzung für den Erfolg.

Sir Alexander Mackenzie, schottischer Entdeckungsreisender (1764–1820)

Wer Menschen führen will, muss hinter ihnen gehen.

Laotse, chinesischer Philosoph (um 600 v. Chr.)

Die meisten Menschen versäumen die günstige Gelegenheit, weil sie im Overall kommt und nach Arbeit aussieht.

Thomas Alva Edison, amerikanischer Erfinder (1847–1931)

Einen wirklich großen Mann erkennt man an drei Dingen: Großzügigkeit im Entwurf, Menschlichkeit in der Ausführung und Mäßigkeit beim Erfolg.

Otto von Bismarck, erster Reichskanzler des Deutschen Reiches (1815–1898)

Wenn du einmal Erfolg hast, kann es Zufall sein. Wenn du zweimal Erfolg hast, kann es Glück sein. Wenn du dreimal Erfolg hast, so ist es Fleiß und Tüchtigkeit.

Französisches Sprichwort

Das Management ist die schöpferischste aller Künste: Es ist die Kunst, Talente richtig einzusetzen.

Robert McNamara, amerikanischer Politiker (1916–2009)

Nur diejenigen, die sich trauen, in großem Stil zu scheitern, können auch in großem Stil Erfolg haben.

Robert F. Kennedy, amerikanischer Politiker (1925–1968)

Individuelle Glückwünsche zur Verabschiedung/zum Ruhestand

Lieber Herr Blank,

vor 3 Jahren sind Sie frisch von der Uni, quasi als Küken, in
unsere Abteilung gekommen und haben sich innerhalb kür-
zester Zeit in einen Falken verwandelt. Und der verlässt nun
sein Nest, um seine Fähigkeiten an anderer Stelle unter Beweis zu stellen. Wir lassen Sie ehrlich gesagt nur ungern
ziehen, haben wir Sie in dieser Zeit doch als kompetenten
und liebenswerten Kollegen kennen und schätzen gelernt.
Nichtsdestotrotz wünschen wir Ihnen für den neuen Job aber
natürlich alles Gute, viel Glück und viel Erfolg!

Ihre Kollegen aus dem Vertrieb

Liebe Doris,

ich halte es mit Theodor Fontane, der sagte: „Abschiedsworte
müssen kurz sein wie Liebeserklärungen." Und diese Abschiedsworte sind beides, denn ich werde dich sowohl als Kollegin wie
auch als Freundin vermissen!

Viel Erfolg im fernen Berlin!

Deine Inka

Lieber Herr Kunert,

seit fast 20 Jahren hinterlassen Sie nun schon Ihre Spuren in unserem Unternehmen. Spuren, die uns noch lange an Ihr großes Können und Engagement erinnern werden. Denn heute ist der Tag gekommen, ab dem es heißt, Abschied zu nehmen. Wir hoffen, dass Sie in Ihrem wohlverdienten Ruhestand möglichst viel von dem, was Sie sich schon immer einmal vorgenommen haben, in die Tat umsetzen können. Und wenn dann noch etwas Zeit übrig bleibt, schauen Sie mal wieder vorbei – Sie sind uns immer willkommen.

Herzlichen Dank für alles, und alles Gute für den kommenden Lebensabschnitt!

Heiner Fuchs
im Namen aller Kollegen

Liebe Frau Schmidt,

ich weiß, dass Sie diesen Tag eigentlich eher gefürchtet als herbeigesehnt haben, denn für Sie war Ihr Job nicht nur ein Mittel zum Geldverdienen, Sie haben ihn immer gern gemacht – und gut, wie ich an dieser Stelle hinzufügen möchte. Daher lege ich Ihnen heute folgenden Ausspruch Buddhas ans Herz: „Lerne loszulassen. Das ist der Schlüssel zum Glück." Und so wünsche ich Ihnen, dass Sie in Ihrem Ruhestand schon bald neue Aufgaben finden, die Sie ebenso ausfüllen wie Ihre Arbeit es die letzten 40 Jahre getan hat.

Mit herzlichen Grüßen

Ihr Gunther Langmann

Kleine Sammlung großer Worte – Zitate

Ein Abschied schmerzt immer, auch wenn man sich schon lange darauf freut.

Arthur Schnitzler, österreichischer Schriftsteller (1862–1931)

Wohin du auch gehst, geh mit ganzem Herzen.

Konfuzius, chinesischer Philosoph (551–479 v. Chr.)

Die Zeit ist immer reif, es fragt sich nur, wofür.

François Mauriac, französischer Schriftsteller (1885–1970)

Der Abschied von einer langen und wichtigen Arbeit ist immer mehr traurig als erfreulich.

Friedrich Schiller, deutscher Dichter (1759–1805)

Jede Zeit ist umso kürzer, je glücklicher man ist.

Plinius der Jüngere, römischer Politiker und Schriftsteller (um 61–113 n. Chr.)

Wer mit der Kunst des Abschiednehmens nichts anzufangen weiß, wird nie einen neuen Weg entdecken und nirgendwo ankommen.

Christoph Ransmayr, österreichischer Schriftsteller (geb. 1954)

Die Arbeit hält drei große Übel fern: die Langeweile, das Laster und die Not.

Voltaire, französischer Schriftsteller und Philosoph (1964–1778)

Revolutionäre gehen nie in Pension.

Fidel Castro, kubanischer Staatspräsident (geb. 1926)

Die Kunst des Ausruhens ist ein Teil der Kunst des Arbeitens.

John Steinbeck, amerikanischer Autor (1902–1968)

Auf eine letzte Wahrheit gebracht: Die Arbeit ist weniger langweilig als das Vergnügen.

Charles Baudelaire, französischer Dichter (1821–1867)

Nach getaner Arbeit ist gut ruhen.

Deutsches Sprichwort

Mann muss es immer dahin bringen, dass man zurückgewünscht wird.

Baltasar Gracián y Morales, spanischer Schriftsteller (1601–1658)

Werd' bald wieder gesund –
Genesungswünsche

Wünsche für eine baldige Genesung sind streng genommen keine richtigen Glückwünsche, sondern vielmehr aufmunternde Worte, die dem Empfänger zeigen sollen, dass wir an ihn denken, ihn vermissen und mit ihm fühlen. Positiver Nebeneffekt: Solche Wünsche – sofern sie über ein schlichtes „Gute Besserung!" hinausgehen – erfreuen den Kranken in der Regel ungemein und können somit sogar zur Heilung beitragen. Allerdings ist hier etwas Fingerspitzengefühl gefragt, wenn Sie den Betreffenden nicht so gut kennen und nicht wissen, wie er in dieser Ausnahmesituation reagiert beziehungsweise was genau ihm fehlt. Formulieren Sie Ihre Genesungswünsche in diesem Fall lieber etwas zurückhaltender, neutraler.

Individuelle Genesungswünsche

Liebe Franziska,

ich weiß, dass mit der Aussicht, das Tanzen nie wieder als Leistungssport betreiben zu können, eine Welt für dich zusammengebrochen ist. Doch wenn ich das richtig verstanden habe, ist das letzte Wort in dieser Angelegenheit noch nicht gesprochen. Also – auch wenn es im Moment schwer fällt – Kopf hoch und auf die jahrtausendealte Weisheit Asiens vertrauen. In China heißt es nämlich: „Hoffnung ist wie der Zucker im Tee – auch wenn sie klein ist, versüßt sie alles."

Ich umarme dich

Anke

(zusammen mit einer entsprechenden DVD oder einem Buch usw.)

Lieber Udo,

es heißt doch immer: Lachen ist gesund. Und da habe ich mir gedacht, vielleicht MACHT Lachen ja auch gesund. Probier es doch anhand der beiliegenden DVD mit deiner Lieblingsserie einfach mal aus – denn selbst wenn sich herausstellt, dass sie als Medizin ungeeignet ist, gegen Langweile hilft sie bestimmt.

Gute Besserung!

Dein Sascha

~~~

Liebe Christine,

auch der russische Dichter Tolstoi wusste: „Alles nimmt ein gutes Ende für den, der warten kann." Deshalb haben wir beschlossen, ab sofort eine Kommunikationssperre zu verhängen. Das heißt für dich: Laptop zu und Handy aus! Gönn dir einfach noch etwas Zeit, um wieder richtig auf die Beine zu kommen – wir halten solange die Stellung hier im Büro.

Anke und Michael

~~~

Lieber Roland,

ohne Doppelpartner kein Match, und ohne Match kein Fachsimpeln und Lästern beim „Bierchen danach". Du siehst also, dass du hier auf dem Tennisplatz dringend gebraucht wirst und deshalb ganz schnell wieder gesund werden musst ...

Alles Gute und hoffentlich bis bald!

Alex

Kleine Sammlung großer Worte – Zitate

Es ist unglaublich, wie viel Kraft die Seele dem Körper zu verleihen mag.

Wilhelm von Humboldt, deutscher Naturforscher (1769–1859)

Der trefflichste Bücherrevisor ist die Krankheit, sie lehrt uns, die Bilanz richtig zu stellen.

Carl Ludwig Schleich, deutscher Arzt und Schriftsteller (1859–1922)

Wenn es einen Glauben gibt, der Berge versetzen kann, so ist es der Glaube an die eigene Kraft.

Marie von Ebner-Eschenbach, österreichische Erzählerin (1830–1916)

Und es zeigt sich wieder, dass Hoffnung und Freude die besten Ärzte sind.

Wilhelm Raabe, deutscher Schriftsteller (1831–1910)

Der Berg ist überschritten, es wird mir besser gehen.

Friedrich der Große, König von Preußen (1712–1786)

Krankheiten, besonders langwierige, sind Lehrjahre der Lebenskunst und der Gemütsbildung.

Novalis, deutscher Schriftsteller (1772–1801)

Lachen ist eine körperliche Übung von größtem Wert für die Gesundheit.

Aristoteles, griechischer Philosoph (384–322 v. Chr.)

Die beste Arznei für den Menschen ist der Mensch. Der höchste Grund dieser Arznei ist die Liebe.

Paracelsus, Arzt, Laientheologe und Philosoph (um 1493–1541)

Ein einziger Grundsatz wird dir Mut geben, nämlich dass kein Übel ewig währt, ja nicht einmal sehr lange dauern kann.

Epikur, griechischer Philosoph (um 341–270 v. Chr.)

Wenn es im Leben kracht, ist Humor ein guter Stoßdämpfer.

Phil Bosmans, belgischer Ordenspriester (geb. 1922)

Willst du getröstet werden, so vergiss derer, denen es besser geht, und denke immer an die, denen es schlimmer ist.

Eckhardt von Hochheim (bekannt als Meister Eckhardt), deutscher Theologe und Philosoph (um 1260–1328)

Eine Freude vertreibt hundert Sorgen.

Japanisches Sprichwort

Krankheit und Unglück kommen auf tausend Straßen, Glück und Gesundheit auch.

Theodor Fontane, deutscher Schriftsteller (1819 – 1898)

Wenn man Probleme mit der Gesundheit hat, ist es am besten, sich einzureden, man sei gesund.

Hermann Hesse, deutscher Schriftsteller (1877 – 1962)

Der Himmel hat den Menschen als Gegengewicht gegen die vielen Mühseligkeiten des Lebens drei Dinge gegeben: die Hoffnung, den Schlaf und das Lachen.

Immanuel Kant, deutscher Philosoph (1724 – 1804)

Das Geheimnis der Medizin besteht darin, den Patienten abzulenken, während die Natur sich selber hilft.

Voltaire, französischer Schriftsteller und Philosoph (1964 – 1778)

Wir hoffen immer, und in allen Dingen ist Hoffen besser als Verzweifeln.

Johann Wolfgang von Goethe, deutscher Dichter (1749 – 1832)

Solange uns unser Arzt etwas verbietet, ist alles in Ordnung; ernst wird die Lage, wenn er uns plötzlich alles erlaubt.

Robert Lembke, Journalist und Quiz-Master (1913 – 1989)

Ein schöner, gerechter und vornehmer Ausgleich der Dinge besteht darin, dass, wie Krankheiten und Kummer übertragbar sind, nichts in der Welt so sehr ansteckend wirkt wie Gelächter und gute Laune.

Charles Dickens, englischer Schriftsteller (1812 – 1870)

Es ist förderlich für die Gesundheit; deshalb beschließe ich, glücklich zu sein.

Voltaire, französischer Schriftsteller und Philosoph (1964 – 1778)

Oft lässt sich das, was sich nicht durch Gewalt besiegen lässt, ganz einfach durch Geduld besiegen.

Italienisches Sprichwort

Optimismus ist die Fähigkeit, den blauen Himmel hinter den Wolken zu ahnen.

Madeleine Robinson, französische Schauspielerin (1916 – 2004)

Mal heiter, mal besinnlich – Reime und Verse

Gestern war der Frosch noch krank,
jetzt hüpft er wieder, Gott sei Dank!
Darüber freuen wir uns sehr.
Und ich – ich freu mich noch viel
mehr!

Wilhelm Busch, deutscher Dichter
(1832 – 1908)

Harre, hoffe. Nicht vergebens
zählest du der Stunden Schlag:
Wechsel ist das Los des Lebens,
und – es kommt ein and'rer Tag.

Theodor Fontane, deutscher Schriftsteller
(1819 – 1898)

Mit dem Klagen, mit dem Zagen
wie verdarbst du's ach so oft!
Lerne Trübes heiter tragen
und dein Glück kommt unverhofft.

Emanuel Geibel, deutscher Lyriker
(1815 – 1884)

Freude, Mäßigkeit und Ruh'
schließt dem Arzt die Türe zu.

Friedrich von Logau, deutscher Dichter
(1605 – 1655)

Sei mir getrost,
nach trüben und wider-
wärtigen Tagen
eilet des sanften Glücks
frohere Stunden herbei.

Sextus Aurelius Propertius, römischer Dichter
(48 – 15 v. Chr.)

Nach einer langen, langen Zeit
bist wieder du genesen.
Vorüber ist nun unser Leid,
dass du so krank gewesen.
Nun sehen wir nicht mehr zurück
auf jene bösen Stunden.
Wir wissen alle voller Glück,
du wirst bald ganz gesunden.
Jetzt hast du wieder neuen Mut
zum Schaffen und zum Leben.
Die Welt ist wieder schön und gut,
der du zurückgegeben.

Volkstümlich

Schon verloschen sind die Stunden,
hingeschwunden Schmerz und Glück;
fühl es vor: Du wirst gesunden!
Traue neuem Tagesblick!

Johann Wolfgang von Goethe, deutscher Dichter
(1749 – 1832)

Viel besser als ein guter Wille
wirkt manchmal eine gute Pille.

Wilhelm Busch, deutscher Dichter
(1832 – 1908)

Wenn es dir übel geht,
nimm es für gut nur immer;
wenn du es übel nimmst,
so geht es dir noch schlimmer.

Friedrich Rückert, deutscher Dichter
(1788 – 1866)

Die besten Eltern der Welt –
Mutter- und Vatertag

Bei der Einführung des Muttertags in Deutschland im Jahr 1923 stand weniger die Idee, einen Tag zu Ehren der Mutter und der Mutterschaft zu etablieren, im Vordergrund, als vielmehr handfeste geschäftliche Interessen. Denn ursprünglich handelte es sich dabei um eine Initiative des Verbands Deutscher Blumengeschäftsinhaber. Und die Floristenverbände waren es auch, die als Datum den zweiten Sonntag im Mai festgelegt haben. Nichtsdestotrotz ist der Muttertag eine gute Gelegenheit, um einmal innezuhalten und sich in Dankbarkeit der Liebe und Fürsorge unserer Mütter zu erinnern – denn im Grunde sollten wir ihnen dafür ja jeden Tag dankbar sein, vergessen es aber in unserem hektischen Alltag nur allzu leicht.

Das gilt im Grundsatz natürlich auch für die Väter. Allerdings konnte sich der Vatertag, der an Christi Himmelfahrt gefeiert wird, in dieser Beziehung nicht wirklich durchsetzen. Das mag nicht zuletzt an den sogenannten „Herrenpartien" liegen, die sich vor allem durch einen nicht selten überhöhten Alkoholkonsum auszeichnen. Aber sicher freuen sich engagierte Väter, die diesen Tag zunehmend als Familienfest begehen, ebenfalls über einige Worte des Dankes.

Individuelle Glückwünsche zum Mutter- und Vatertag

Lieber Papa,

„Ein liebevoller Vater, der wartet und besorgt ist, der berät und Anteil nimmt, gehört zu den größten Geschenken, die Gott uns geben kann." Und genau so ein Vater, wie ihn der amerikanische Theologe Richard Evans hier beschreibt, warst und bist du. Dafür danke ich dir von ganzem Herzen!

Dein Philipp

Liebe Mama,

der Schriftsteller Georg Ebers sagt: „Es gibt nur eine ganz selbstlose, ganz reine, ganz göttliche Liebe. Und das ist die Liebe der Mutter für ihr Kind." Und für diese Liebe, die mich mein ganzes Leben begleitet hat, an guten wie an schlechten Tagen, möchte ich Danke sagen! Ich hoffe, sie wird mich noch viele weitere Jahre begleiten.

Ich liebe dich auch!

Deine Anne

Liebe Mutti,

gern denken wir zurück an unsere Kindheit voll Wärme und Glück. Und auch heute noch bist du immer für uns da, sorgst dich um uns und bist mit Rat und Tat zur Stelle, wenn wir dich brauchen. Dafür möchten wir uns heute einmal revanchieren und dich so richtig verwöhnen.

Danke für alles, und alles Liebe zum Muttertag!

Susanne und Dieter

Mal heiter, mal besinnlich – Reime und Verse

Mutter – schönster Name im weiten
Erdenrund,
zärtlich gerufen als erster aus
Kindermund,
leise gesprochen, wenn bang und
traurig das Herz,
Hilfe suchend im Dunkel bei Sorge, Not
und Schmerz.
Du bleibst mir erinnert und schirmend
mein Leben lang.
Mutter, für all deine Treue und Liebe:
Habe Dank!

Volkstümlich

Kein Füllhorn, das von allen
Schätzen regnet,
ist reicher als die Mutterhand,
die segnet.

*Anastasius Grün (eigentlich Anton Alexander Graf
von Auersperg), österreichischer Politiker und
Lyriker (1806 – 1876)*

Dank dir, Mutter, für mein Leben,
für die Lieb' und für die Müh',
will mein kleines Herz dir geben
und bitten dich: Verlass mich nie!

Volkstümlich

Die Mutter trägt im Leibe das Kind
drei Vierteljahr;
Die Mutter trägt auf Armen das Kind,
weil's schwach noch war;
Die Mutter trägt im Herzen die Kinder
immerdar.

*Friedrich von Logau, deutscher Dichter
(1605 – 1655)*

Wie oft sah ich die blassen
Hände nähen
ein Stück für mich –
wie liebevoll du sorgtest!
Ich sah zum Himmel deine
Augen fleh'n,
ein Wunsch für mich –
wie liebevoll du sorgtest!
Und an mein Bett kamst du
mit leisen Zehen,
ein Schutz für mich –
wie liebevoll du sorgtest!

*Detlev von Liliencron, deutscher Lyriker
(1844 – 1909)*

Die Welt durchwandernd fand
ich allerwärts:
Kein Herz kann lieben wie ein
Mutterherz.

*Friedrich von Bodenstedt, deutscher
Schriftsteller (1819 – 1892)*

Einen Menschen wissen,
der dich ganz versteht,
der in Bitternissen
immer zu dir steht,
der auch deine Schwächen liebt,
weil du bist sein;
dann mag alles brechen,
du bist nie allein.

*Marie von Ebner-Eschenbach, österreichische
Erzählerin (1830 – 1916)*

Liebe Mutter, hör mir zu,
was ich dir nun sage:
Ich hab dich von Herzen lieb
heut' und alle Tage!

Volkstümlich

Feste im Jahresverlauf –
Ostern, Weihnachten, Silvester und Neujahr

Der Jahresverlauf hält ebenfalls diverse Gelegenheiten bereit, Menschen, denen man sich verbunden fühlt, mit guten Wünschen zu erfreuen. Doch auch hier stellt sich oftmals die Frage: Was schreibe ich bloß – einmal abgesehen von dem fast schon floskelhaft wirkenden „Frohe Weihnachten" und „Einen guten Rutsch"? Lassen Sie sich doch einfach von den folgenden Versen, Reimen und Zitaten inspirieren.

Alles Gute, nur das Beste
wünschen wir euch zum hohen
Osterfeste!
Es soll euch vor allen Dingen
Freude und Entspannung bringen!

Volkstümlich

Das weiß ein jeder, wer's auch sei,
gesund und stärkend ist das Ei.

Wilhelm Busch, deutscher Dichter
(1832 – 1908)

Zur Osterfeier,
da freu'n wir uns sehr,
da suchen wir Eier,
die kreuz und die quer.
Husch, husch,
im Dornenbusch,
flugs, flugs,
im grünen Buchs.
Husch, husch, husch, husch!
Flugs! Flugs! Flugs! Flugs!

August Heinrich Hoffmann von Fallersleben,
deutscher Dichter (1798 – 1874)

Es treibt der Wind im Winterwalde
die Flockenherde wie ein Hirt
und manche Tanne ahnt, wie balde
sie fromm und lichterheilig wird,
und lauscht hinaus, den weißen Wegen
streckt sie die Zweige hin, bereit,
und wehrt dem Wind und wächst
entgegen
der einen Nacht der Herrlichkeit.

Rainer Maria Rilke, österreichischer Lyriker
(1875 – 1926)

Die Kirchturmglocke schlägt zwölf-
mal bumm.
Das alte Jahr ist wieder mal um.
Die Menschen können sich in den Gassen
vor lauter Übermut gar nicht mehr
fassen.
Sie singen und springen umher wie die
Flöhe
und werfen die Mützen in die Höhe.
Der Schornsteinfegergeselle Schwerzlich
küsst Konditor Krause recht herzlich.
Der alte Gendarm brummt heute sogar
ein freundliches „Prosit zum neuen
Jahr!"

Joachim Ringelnatz, deutscher Schriftsteller
(1883 – 1934)

Fünf Hasen, die saßen
beisammen dicht,
es machte ein jeder
ein traurig' Gesicht.

Sie jammern und weinen:
Die Sonne will nicht scheinen!
Bei so viel Regen,
wie kann man da legen
den Kindern das Ei?
O wei, o wei!

Da sagte der König:
So schweigt doch ein wenig!
Lasst Weinen und Sorgen,
wir legen sie morgen!

*Heinrich Hoffmann, deutscher Lyriker und
Kinderbuchautor (1809–1894)*

Es gibt so wunderweiße Nächte,
d'rin alle Dinge silbern sind.
Da schimmert mancher Stern so lind,
als ob er fromme Hirten brächte
zu einem neuen Jesuskind.
Weit, wie mit dichtem Demantstaube
bestreut, erscheinen Feld und Flut,
und in die Herzen, traumgemut,
steigt ein kapellenloser Glaube,
der leise seine Wunder tut.

*Rainer Maria Rilke, österreichischer Lyriker
(1875–1926)*

In der Heiligen Nacht tritt man gern
einmal aus der Tür und steht allein
unter dem Himmel, nur um zu spüren,
wie still es ist, wie alles den Atem
anhält, um auf das Wunder zu warten.

*Karl Heinrich Waggerl, österreichischer Schrift-
steller (1897–1973)*

Liebeläutend zieht durch Kerzenhelle
mild, wie Wälderduft, die
Weihnachtszeit,
und ein schlichtes Glück streut auf
der Schwelle
schöne Blumen der Vergangenheit.

Hand schmiegt sich in Hand im
engen Kreise
und das alte Lied von Gott und
Christ
bebet durch Seelen und verkündet
leise,
dass die kleinste Welt die größte ist.

*Joachim Ringelnatz, deutscher Schriftsteller
(1883–1934)*

Im neuen Jahre Glück und Heil!
Auf Weh und Wunden gute Salben.
Auf groben Klotz ein grober Keil,
auf einen Schelmen anderthalbe.

*Johann Wolfgang von Goethe, deutscher Dichter
(1749–1832)*

Ein neues Jahr, ein neues Glück.
Wir ziehen froh hinein.
Und: Vorwärts, vorwärts, nie zurück!
soll uns're Losung sein.

*August Heinrich Hoffmann von Fallersleben,
deutscher Dichter (1798–1874)*

© 2010 SAMMÜLLER KREATIV GmbH

Genehmigte Lizenzausgabe
EDITION XXL GmbH ·
Fränkisch-Crumbach 2010
www.edition-xxl.de

Idee und Projektleitung: Sonja Sammüller
Layout, Satz und Umschlaggestaltung:
SAMMÜLLER KREATIV GmbH

ISBN (13) 978-3-89736-233-8
ISBN (10)   3-89736-233-3